禪門驪珠集。

聖嚴法師 編集

自序

因緣使我將個人在禪修方面的心得，用作協助他人的修持方法以來，已經有八個年頭。此期間，也在國內出版了《禪》（CH'AN）、《禪的體驗．禪的開示》、《禪門修證指要》、《禪門囈語》等四種關於禪修的書。但在《禪門修證指要》出版之後，就想再編一冊類似的書，用以介紹歷來傑出禪者們的修持過程及其實證的經驗，以之做為後進禪者們的龜鑑。從各種不同的例子，可以明白禪者們的努力和成就，雖因人而異，然其堅貞的行履、明淨的心地，則無不同。

可是，近年來我在臺灣及紐約兩地，來去奔走，有三個道場及一個佛學研究所的人與事的管教養衛；特別在臺灣，我還擔任了文化大學哲學研究所的教授，紛繁的工作，使我無暇著手。直到去（一九八三）年冬天回到美國，才決心拂卻諸緣，埋首於藏經堆中，花了兩個多月的時間，以《景德傳燈錄》為首，詳讀了五十三種近五百卷有關禪修行者的史傳和語錄等的著述。選樣式地摘取了一百一十一位禪師的行誼及其修證體驗，同時也酌量錄取各家對於禪觀、禪境、禪之鍛鍊及禪之活用等的看法，附於各篇之末，集成本書。

本書是以對禪觀及禪門修證之有具體事蹟記載的禪者，為取材的對象，不論是禪宗以外，或禪宗門內的正統派與旁出支流，凡有提供修行禪法之參考價值者，均設法蒐集錄入。相反地，雖為禪宗重要祖師，卻沒有傳記資料或修證事例可資集錄者，便將之省略。

本書內容所收諸禪師，自東晉迄現代，歷時一千五百五十年，其間在禪的思想及禪的風格上，有許多變化，不僅源遠流長，且又萬流奔海，波瀾壯闊，見出禪法的無盡大用。

本書沒有宗派門戶之見，故未依照禪宗所重視的五家七宗，正統旁出之說，為分類的篇次，而是以年代先後為原則。

本書純以編集的方式，將各種相關的資料，抄錄其原文，分段標點，以各個人物為單元，編集成篇。

本書未加註釋，也未曾以語體文譯出，此項工作是值得做的，而以我目前的忙碌情況所限，僅能將古大德們從禪海中探得的顆顆驪珠，結集成串，用以莊嚴我自己，亦藉以莊嚴他人。

本書命名，典據出於《莊子．列禦寇》，有謂：「夫千金之珠，必在九重之淵，而驪龍頷下。」驪龍是潛藏深淵的黑龍，頷下有明月之珠，唯當其睡時，始能取得。喻作冒了生命的險難，始能獲得珍貴的財寶。禪的修持，有稱為「捨身法門」或「死心法門」，能大死才能大活，故以「探驪得珠」，喻其成就之可貴。

一九八四年一月十七日序於紐約禪中心

目錄

第二篇 到曹溪時代的禪師

第三篇　曹溪及其門下

第四篇　馬祖門下

第五篇　百丈、南泉及溈山門下

第六篇
石頭至曹洞的禪師

第七篇 德山至天童的禪師

附錄

第一篇

禪宗以外的禪師

竺道生（西元三五五—四三四年）

竺道生，本姓魏，鉅鹿人，寓居彭城，家世仕族。父為廣戚令，鄉里稱為善人。生幼而穎悟，聰哲若神，其父知非凡器，愛而異之。

後值沙門竺法汰，遂改俗歸依，伏膺受業。既踐法門，俊思奇拔，研味句義，即自開解，故年在志學，便登講座，吐納問辯，辭清珠玉，雖宿望學僧，當世名士，皆慮挫詞窮，莫敢酬抗，年至具戒，器鑒日深，性度機警，神氣清穆。

初入廬山，幽棲七年，以求其志，常以入道之要，慧解為本，故鑽仰群經，斟酌雜論，萬里隨法，不憚疲苦。

後與慧叡、慧嚴，同遊長安，從什公受業。關中僧眾咸謂神悟。

後還都，止青園寺，（中略）宋太祖文皇，深加歎重。後太祖設會，帝親同眾，御于地筵，下食良久，眾咸疑日晚。帝曰：「始可中耳。」生曰：「白日麗

天，天言始中，何得非中？」遂取缽便食，於是一眾從之。（中略）

生既潛思日久，徹悟言外，迺喟然歎曰：「夫象以盡意，得意則象忘；言以詮理，入理則言息。自經典東流，譯人重阻，多守滯文，鮮見圓義，若忘筌取魚，始可與言道矣。」

於是，校閱真俗，研思因果，迺立「善不受報」、「頓悟成佛」，又著《二諦論》、《佛性當有論》、《法身無色論》、《佛無淨土論》、《應有緣論》等，籠罩舊說，妙有淵旨。（中略）

又六卷《泥洹》，先至京師，生剖析經理，洞入幽微，迺說：「一闡提人，皆得成佛。」于時大本（《涅槃經》）未傳，孤明先發，獨見忤眾，於是舊學以為邪說，譏憤滋甚，遂顯大眾，擯而遣之。生於大眾中，正容誓曰：「若我所說，反於經義者，請於現身即表癘疾；若與實相不相違背者，願捨壽之時據師子座。」言竟拂衣而遊。

初投吳之虎丘山，旬日之中，學徒數百。（中略）

俄而投跡廬山，銷影巖岫，山中僧眾，咸共敬服。

後《涅槃》大本至于南京，果稱「闡提悉有佛性」，與前所說，合若符契。

生既獲斯經，尋即講說。（中略）法席將畢，忽見麈尾紛然而墜，端坐正容，隱几而卒，顏色不異，似若入定。（下略）（以上錄自《高僧傳》卷七「竺道生傳」，《大正藏》五十．三六六頁中—三六七頁上）

僧稠禪師

（西元四八〇——五六〇年）

少林寺跋陀三藏——道房禪師——僧稠禪師

釋僧稠，姓孫，元出昌黎，末居鉅鹿之癭陶焉。性度純懿，孝信知名，而勤學世典，備通經史。徵為太學博士，講解墳索，聲蓋朝廷。將處器觀國，羽儀廊廟，而道機潛扣，欻厭世煩。一覽佛經，渙然神解，時年二十有八。投鉅鹿景明寺僧寔法師而出家，落髮甫爾，便尋經論，悲慶交并，識神厲勇，因發五願，所謂財法通辯，及以四大，常敬三寶，普福四恩。

初從道房禪師，受行止觀，房即跋陀之神足也。

既受禪法，北遊定州嘉魚山，斂念久之，全無攝證，便欲出山，誦《涅槃經》。忽遇一僧，言從泰岳來。稠以情告，彼遂苦勸修禪，慎無他志，由一切含靈，皆有初地味禪（《摩訶止觀》卷九上云：「大經云：一切眾生皆有初地味禪。」《大正藏》

四十六・一一八頁中），要必繫緣，無求不遂。乃從之。旬日攝心，果然得定。常依《涅槃》聖行四念處法，乃至眠夢覺見，都無慾想。歲居五夏，又詣趙州障供山道明禪師，受十六特勝法，鑽仰積序，節食鞭心，九旬一食，米惟四升。單敷石上，不覺晨宵，布縷入肉，挽而不脫。或煮食未熟，攝心入定，動移晷漏，前食並為禽獸所噉。

又常修死想，遭賊怖之，了無畏色，方為說諸業行，皆摧其弓矢，受戒而返。嘗於鵲山靜處，感神來嬈，抱肩築腰，氣噓項上，稠以死要心，因證深定，九日不起。後從定覺，情想澄然，究略世間，全無樂者。便詣少林寺祖師三藏，呈己所證，跋陀曰：「自蔥嶺已東，禪學之最，汝其人矣。」乃更授深要，即住嵩岳寺，僧有百人，泉水纔足，忽見婦人，弊衣挾帚，卻坐階上，聽僧誦經。眾不測為神人也，便訶遣之。婦有慍色，以足蹋泉立竭，身亦不現。眾以告稠，稠呼：「優婆夷。」三呼乃出，便謂神曰：「眾僧行道，宜加擁護。」婦人以足撥於故泉，水即上涌。時共深異，威感如此。

後詣懷州西王屋山，修習前法。聞兩虎交鬥，咆響振巖，乃以錫杖中解，各散而去。一時忽有仙經兩卷，在于床上，稠曰：「我本修佛道，豈拘域中長生者乎？」言已，須臾自失。其感致幽顯，皆此類也。

從移止青羅山，受諸癘疾供養，情不憚其臭潰，甘之如薺。坐久疲頓，舒腳床前，有神輒扶之，還令跏坐。因屢入定，每以七日為期。

又移懷州馬頭山。

魏孝明帝，夙承令德，前後三召，乃辭云：「普天之下，莫非王土，乞在山行道，不爽大通。」帝遂許焉，乃就山送供。（中略）

帝常率其羽衛，故幸參覲，稠處小房宴坐，都不迎送，弟子諫曰：「皇帝降駕，今據道不迎，眾情或阻。」稠曰：「昔賓頭盧，迎王七步，致七年失國；吾誠德之不逮，未敢自欺形相，冀獲福於帝耳。」時亦美其敦慎大法，得信於人。

黃門侍郎李獎，與諸大德，請出禪要，因為撰《止觀法》兩卷，味定之賓，家藏本據。

以齊乾明元年（西元五六〇年）四月十三日辰時，絕無患惱，端坐卒於山寺，春秋八十有一，五十夏矣。（下略）（以上錄自《續高僧傳》卷十六「僧稠傳」，《大正藏》五十．五五三頁中—五五四頁下）

附錄：稠禪師意（敦煌文獻）

問：大乘安心，入道之法云何？

答：欲修大乘之道，先當安心。凡安心之法，一切不安，名真安心。言安心者，頓止諸緣，妄想永息；放捨身心，虛壑其懷；不緣而照，起作恆寂。種種動靜音聲剌（？），莫嫌為妨。何以然者？一切外緣，各無定相；是非生滅，一由自心。若能無心，於法即無障碍，無縛無解。自體無縛，名為解脫。無得，稱之為道。又復是非之見，出自妄想。若自心不心，誰嫌是非？若能俱亡，則諸相恆寂。以諸法等，故萬惑皆如如理。真照無法，非道此法，秘要非近情所惻。行者若欲開讀，暫看實意，莫取文字。還自縮心，無令有閒。不得調戲，散心放逸。大道法不可輕示，所可默心自知以養神志。遍道育德，資成法身。三空自調，以充惠命。非是不肖之人，而能堪受要福，重人乃能修耳。內視不已見，返聽不我聞。乃知一切諸法滅，非智緣滅。若能行之觀者，體同空虛，名無邊三昧；無心入，名大寂三昧；諸量不起，是不思議三昧；不從緣變，名法住三昧。

問曰：何云名禪？答曰：禪者定也，由坐得定，故名為禪。

問曰：禪名定者，心定身定？答曰：結跏身定，攝心心定。

問曰：心無形狀，云何看攝？答曰：如風無形，動物即知。心亦無形，緣物即知。攝心無緣，即名為定。

問曰：五停十八境，見物乃名為定。眼須見色，心須見境，云何名定？答曰：見境即生心，物動即風起；風息而境安，心息即境滅。若心境俱滅，即自然寂定。

問曰：既無心境同虛空，云何修行？答曰：心雖無形，而有大用，即是聖法。今稱心體，即定即聖，即真即正。非業非懊（煩惱），非邪非恶（惡），即斷三障，即成三學，即捨凡即聖法。

夫安心者，要須常見本清淨心。亦不可見，如是不可見。如是不可見，心常須現前。雖常現前，而無一物可得。非但無一物可得，乃至少許相貌，亦不可得。雖少許相貌亦不可得，如是行處分明了了，不被一切言教惑亂，而不捨是心；從初發心，乃至成佛不離此行。惟當漸漸寬廣，漸漸易成，畢竟歸空。雖作事業，具六度行，一切業常不捨，是心不覺。漸漸除疑惑，漸漸悟解，即須讀誦大乘經典，與心相應者。雖讀誦經時，亦不須分別，強作解釋。漸漸自當洞達一切諸法。

上來雖言了了，分明見心。如是見心，非眼所見，亦非凡夫所見，如人飲水冷暖自知。

無力飲河池，詎能吞大海？

不習二乘法，何能學大乘？

先信二乘法，方能信大乘。

無信誦大乘，空言無所益。

具足諸善根，守護慈悲本。

常樂攝利物，是名為大乘。（以上錄自《華岡佛學學報》第六期九十三—九十四頁，冉雲華博士所撰〈敦煌文獻與僧稠的禪法〉所舉「敦煌文獻之二」全文）

法聰禪師（西元四六八—五五九年）

釋法聰，姓梅，南陽新野人。八歲出家，卓然神秀，正性貞潔，身形如玉，蔬藿是甘，無求滋饌；及長成立，風操逾厲，淨施厚利，相從歸給，並迴造經藏三千餘卷，備窮記論，有助弘贊者，無不繕集。

年二十五，東遊嵩岳，西涉武當，所在通道，惟居宴默。因至襄陽傘蓋山白馬泉，築室方丈，以為栖心之宅。入谷兩所，置蘭若舍。（中略）初梁晉安王來部襄雍，承風來問，將至禪室，馬騎將從，無故卻退，王慚而返，夜感惡夢。後更再往，馬退如故。王乃潔齋，躬盡虔敬，方得進見。初至寺側，但覩一谷，猛火洞燃，良久竚望，忽變為水，經停傾仰，水滅堂現。以事相詢，乃知爾時入水火定也。

堂內所坐繩床兩邊，各有一虎，王不敢進，聽乃以手按頭著地，閉其兩目，召王令前，方得展禮，因告境內，多被虎災，請求救援。聽即入定，須臾有十七大虎來至，便與受三歸戒，勅勿犯暴百姓，又命弟子以布繫諸虎頸，滿七日已，當來於此。王至期日，設齋眾集，諸虎亦至，便與食解布，遂爾無害。（中略）王與群吏，嗟賞其事，大施而旋。

有兇黨左右數十人，夜來劫所施之物，遇虎哮吼，遮遏其道。又見大人，倚立禪室，傍有松樹，止至其膝，執金剛杵，將有守護。（中略）

初，聽住禪堂，每有白鹿白雀，馴伏栖止。（中略）

因見屠者，驅豬百餘頭，聽三告曰：「解脫首楞嚴。」豬遂繩解散去，諸屠大怒，將事加手，並佗然不動，便歸過悔罪，因斷殺業。（下略）（以上錄自《續高僧傳》卷十六，《大正藏》五十．五五五頁中—五五六頁上）

南嶽慧思（西元五一五—五七七年）

天台宗第二祖

釋慧思，俗姓李氏，武津人也，少以弘恕慈育知名，閭里稱言頌逸恆問。嘗夢梵僧，勸令出俗，駭悟斯瑞，辭親入道，所投之寺，非是練若，數感神僧訓令齋戒，奉持守素，梵行清慎，及稟具足，道志彌隆，迥棲幽靜，常坐綜業，日惟一食，不受別供，周旋迎送，都皆杜絕。誦《法華》等經三十餘卷，數年之間，千遍便滿。（中略）

自斯已後，勤務更深，剋念翹專，無棄昏曉，坐誦相尋，用為恆業，由此苦行，得見三生所行道事。（以上錄自《續高僧傳》卷十七，《大正藏》五十．五六二頁下）

又於一夏，行法花懺，唯行及坐，脅不至床，夏竟。歎曰：「吾一夏勤苦，空無所獲，方欲放身，倚憑繩床，豁然開朗，心意明徹，證入法門，未敢自信。

試讀《大智度論》初卷，即便心悟，一不遺忘，兼識言下之旨。如是遂讀通一百卷，並能誦記，明解義味。（本段錄自《弘贊法華傳》卷四，《大正藏》五十一．二十一頁下——二十二頁上）

又夢彌勒、彌陀，說法開悟，故造二像，並同供養。

又夢隨從彌勒，與諸眷屬，同會龍華，心自惟曰：「我於釋迦末法，受持《法華》，今值慈尊，感傷悲泣。」豁然覺悟，轉復精進；靈瑞重沓，瓶水常滿，供事嚴備，若有天童，侍衛之者。

因讀《妙勝定經》，歎禪功德，便爾發心，修尋定支。時禪師慧文，聚徒數百，眾法清肅，道俗高尚，乃往歸依，從受正法。性樂苦節，營僧為業，冬夏供養，不憚勞苦，晝夜攝心，理事籌度。訖此兩時，未有所證。又於來夏，束身長坐，繫念在前，始三七日，發少靜觀，見一生來善惡業相；因此驚嗟，倍復勇猛，遂動八觸，發本初禪。自此禪障忽起，四肢緩弱，不勝行步，身不隨心，即自觀察：「我今病者，皆從業生，業由心起，本無外境；反見心源，業非可得，身如雲影，相有體空。」如是觀已，顛倒想滅，心性清淨，所苦消除，又發空定，心境廓然。

夏竟受歲，慨無所獲，自傷昏沉，生為空過，深懷慚愧，放身倚壁，背未至間，霍爾開悟「法華三昧」。大乘法門，一念明達，十六特勝，背捨徐入，便自通徹，不由他悟。

後往鑒、最等師，述己所證，皆蒙隨喜。研練逾久，前觀轉增。名行遠聞，四方欽德，學徒日盛，機悟寔繁。乃以大、小乘中定、慧等法，敷揚引喻，用攝自他。

眾雜精麤，是非由起，怨嫉鴆毒，毒所不傷，異道興謀，謀不為害。乃顧徒屬曰：「大聖在世，不免流言，況吾無德，豈逃此責，責是宿作，時來須受，此私事也。然我佛法，不久應滅，當往何方，以避此難？」時冥空有聲曰：「若欲修定，可往武當南岳，此入道山也。」（中略）

初至光州，值梁孝元（西元五五三年）傾覆國亂，前路梗塞。權止大蘇山，數年之間，歸從如市。（中略）思供以事資，誨以理味。又以道俗福施，造金字《般若》二十七卷，金字《法華》，琉璃寶函，莊嚴炫曜。（中略）

後命學士，江陵智顗，代講《金經》，至「一心具萬行」處，顗有疑焉，思為釋曰：「汝向所疑，此乃《大品》次第意耳，未是《法華》圓頓旨也。吾昔夏中苦節思此，後夜一念頓發諸法，吾既身證，不勞致疑。」

顗即諮受「法華行法」，三七境界，難卒載敘。

又諮：「師位即是十地。」思曰：「非也，吾是十信鐵輪位耳。」時以事驗，解行高明，根識清淨，相同初依，能知密藏。又如《仁王》，十善發心，長別苦海。然其謙退，言難見實，故本跡叵詳。（下略）（以上錄自《續高僧傳》卷十七，《大正藏》五十．五六二頁下—五六三頁中）

附錄：二種行

（一）無相行：無相行者，即是安樂行。一切諸法中，心相寂滅，畢竟不生，故名為無相行也。

常在一切深妙禪定，行住坐臥，飲食語言，一切威儀，心常定故。諸餘禪定，三界次第，從欲界地、未到地、初禪地、二禪地、三禪地、四禪地、空處地、識處、無所有處地、非有想非無想處地，如是次第，有十一種地差別不同。有法無法，二道為別，是阿毘曇雜心聖行。

安樂行中深妙禪定，即不如此，何以故？不依止欲界，不住色無色。行如是禪定，是菩薩遍行，畢竟無心想，故名無相行。

（二）有相行：此是〈普賢勸發品〉中，誦《法華經》，散心精進，如是等人，不修禪定，不入三昧，若坐、若立、若行，一心專念《法華》文字，精進不臥，如救頭然。是名文字有相行。

此行者不顧身命，若行成就，即見普賢金剛色身，乘六牙象王，住其人前，以金剛杵，擬行者眼，障道罪滅，眼根清淨，得見釋迦及見七佛，復見十方三世諸佛。

至心懺悔，在諸佛前，五體投地，起合掌立，得三種陀羅尼門：一者總持陀羅尼，肉眼天眼菩薩道慧。二者百千萬億旋陀羅尼，具足菩薩道種慧，法眼清淨。三者法音方便陀羅尼，具足菩薩一切種慧，佛眼清淨。是時即得具足一切三世佛法。

或一生修行得具足，或二生得，極大遲者三生即得。（下略）（以上錄自《法華經安樂行義》「四安樂行」段，《大正藏》四十六．七〇〇頁上—中）

天台智顗（西元五三八—五九七年）

天台宗第三祖

大師諱智顗，字德安，俗姓陳氏，穎川人也。（中略）母徐氏，溫良恭儉，偏勤齋戒，夢香煙五彩輕浮（中略）又夢吞白鼠，因覺體重，至於載誕夜，現神光揀宇，煥然兼輝鄰室。（中略）眼有重瞳，（中略）至年七歲，喜往伽藍，諸僧口授〈普門品〉，初啟一遍即得。（中略）

年十五，值孝元（梁元帝）之敗，家國殄喪，親屬流徙，歎榮會之難久，痛凋離之易及。於長沙像前，發弘大願，誓作沙門，荷負正法，為己重任。既精誠感通，夢彼瑞像，飛臨宅庭，授金色手，從窗隙入，三遍摩頂。由是深厭家獄，思滅苦本。但二親恩愛，不時聽許，雖惟將順而寢哺不安。乃刻檀寫像，披藏尋經，曉夜禮誦，念念相續，當拜佛時，舉身投地，恍焉如夢，見極高山，臨於大海，澄渟蓊鬱，更相顯映。山頂有僧，招手喚上，須臾申臂，至于山麓，接引令登，入一伽藍，見所造像，在彼殿內，夢裡悲泣，而陳所願：「學得三世佛法，對千部論師，說之無礙，不唐世間四事恩惠。」申臂僧舉手指像，而復語云：「汝當居此，汝當終此。」既從寤已，方見己身對佛而伏，夢中之淚，委地成流，悲喜交懷，精勤逾至。

後遭二親殄喪，丁艱荼毒，逮于服訖，從兄求去，兄曰：「天已喪我親，汝重割我心，既孤更離，安可忍乎！」跪而對曰：「昔梁荊百萬，一朝僕妾，于時久役江湖之心，不能復處，碨磊之內，欲報恩酬德，當謀道為先，唐聚何益。銘肌刻骨，意不可移。」（中略）

年十有八，投湘州果願寺沙門法緒而出家焉。緒授以十戒，導以律儀，仍攝以北度，詣慧曠律師，兼通方等，故北面事焉。

後詣大賢山，誦《法華經》、《無量義經》、《普賢觀經》，歷涉二旬，三部究竟。進修方等懺，心淨行勤，勝相現前，見道場廣博，妙飾莊嚴，而諸經像，縱橫紛雜。身在高座，足躡繩床，口誦《法華》，手正經像。

是後，心神融淨爽利，常日逮受具足律藏。（中略）

時有慧思禪師，武津人也，名高嵩嶺，行深伊洛，十年常誦，七載方等，九旬常坐，一時圓證。（中略）意期衡嶽，以希棲遁，權止光州大蘇山，先師遙飡風德，（中略）初獲頂拜，思曰：「昔日靈山，同聽《法華》，宿緣所追，今復來矣。」即示普賢道場，為說四安樂行。於是，昏曉苦到，如教研心。于時但勇於求法而貧於資供。切栢為香，栢盡則繼之以栗；卷簾進月，月沒則燎之以松。息不虛黈，言不妄出。經二七日，誦至〈藥王品〉：「諸佛同讚：是真精進，是名真法供養。」到此一句，身心豁然，寂而入定。持因靜發，照了《法華》，若高輝之臨幽谷，達諸法相，似長風之游太虛。將證白師，師更開演，大張教網，法目圓備，落景諮詳，連環達旦。自心所悟，及從師受，四夜進功，功逾百年。問一知十，何能為喻。觀慧無礙，禪門不壅，宿習開發，煥若華敷矣。思師歎曰：「非爾弗證，非我莫識，所入定者，法華三昧前方便也；所發持者，初旋陀羅尼也。縱令文字之師千群萬眾，尋汝之辯，不可窮矣。於說法人中，最為第一！」（中略）

師善於將眾，調御得所，停瓦官八載，講《大智度論》，說《次第禪門》，蒙語默之益者，略難稱紀。雖動靜合道，而能露疵藏寶，恩被一切。（中略）

（師一日）謝遣門人曰：「（中略）昔南嶽輪下，及始濟江東，法鏡屢明，心絃數應，初瓦官四十人共坐，二十人得法；次年百餘人共坐，二十人得法；次年二百人共坐，減十人得法。其後徒眾轉多，得法轉少。妨我自行化道可知。群賢各隨所安，吾欲從吾志，蔣山過近，非避喧之處。聞天台地記，稱有仙宮，（中略）若息緣茲嶺，啄峰飲澗，展平生之願也。」（中略）陳太建七年（西元五七五年）秋，九月初入天台。（中略）

（師將寂，告曰：）「今更報汝：吾不領眾，必淨六根，為他損己，只是五品位耳。汝問何生者？吾諸師友，侍從觀音，皆來迎我。」問：「誰可宗仰？」「豈不曾聞波羅提木叉，是汝之師。吾常說四種三昧是汝明導，教汝捨重擔，教汝降三毒，教汝治四大，教汝解業縛，教汝破魔軍，教汝調禪味，教汝折慢幢，教汝遠邪濟，教汝出無為坑，教汝離大悲難。唯此大師能作依止。我與汝等，因法相遇，以法為親，傳習佛燈，是為眷屬；若不能者，傳習魔燈，非吾徒也（中略）。」言訖跏趺，唱三寶名，如入三昧，以大隋開皇十七年歲次丁巳十一月二十四日未時入滅。春秋六十，僧夏四十。（下略）（以上錄自《隋天台智者大師別傳》，《大正藏》五十．一九一頁上—一九六頁中）

附錄：四種三昧・止觀・禪定

（一）四種三昧

1常坐三昧

(1)身論開遮：身開常坐，遮行住臥。或可處眾，獨則彌善。居一靜室，或空閑地，離諸喧鬧。安一繩床，旁無餘座。九十日為一期。結跏正坐，項脊端直，不動不搖，不萎不倚。以坐自誓，肋不拄床，況復屍臥、遊戲住立。除經行、食、便利，隨一佛方面，端坐正向，時刻相續，無須臾廢。（下略）

(2)口論說默：若坐疲極，或疾病所困，或睡蓋所覆，內外障侵，奪正念心，不能遣卻，當專稱一佛名字，慚愧懺悔，以命自歸。（中略）誦經誦咒，尚喧於靜，況世俗言語耶。

(3)意論止觀：端坐正念，蠲除惡覺，捨諸亂想，莫雜思惟，不取相貌，但專繫緣法界，一念法界；繫緣是止，一念是觀。信一切法皆是佛法，無前無後，無復際畔。無知者，無說者。若無知無說，則非有非無，非知者非不知者。離此二

邊，住無所住。（下略）

2常行三昧

(1)身論開遮：行此法時，避惡知識及癡人、親屬、鄉里。常獨處止，不得希望他人有所求索。常乞食，不受別請，嚴飾道場，備諸供具香餚甘果。盥沐其身，左右出入，改換衣服。唯專行旋，九十日為一期。須明師，善內外律，能開除妨障。於所聞三昧處，如視世尊，不嫌不恚，不見短長。當割肌肉供養師，況復餘耶？承事師，如僕奉大家。若於師生惡，求是三昧終難得。須外護如母養子，須同行如共涉險。須要期誓願，使我筋骨枯朽，學是三昧，不得終不休息。（下略）

(2)口論說默：九十日，身常行無休息；九十日，口常唱「阿彌陀佛」名無休息；九十日，心常念「阿彌陀佛」無休息。或唱念俱運，或先念後唱，或先唱後念，唱念相繼無休息時。（中略）步步、聲聲、念念，唯在阿彌陀佛。

(3)意論止觀：念西方阿彌陀佛，去此十萬億佛剎，在寶地、寶池、寶樹、寶堂，眾菩薩中央坐說經。三月常念佛，云何念？念三十二相，從足下千輻輪相，

一一逆緣，念諸相乃至無見頂。亦應從頂相順緣，乃至千輻輪。令我亦逮是相。（下略）

3半行半坐三昧

(1)身論開遮：此出二經，《方等》云：「旋百二十匝，卻坐思惟。」《法華》云：「其人若行若立，讀誦是經，若坐思惟是經（中略）。」故知俱用半行半坐為方法也。（儀式較繁，下略）

(2)口論說默：預誦陀羅尼咒一篇使利。（下略）

(3)意論止觀：經令思惟，思惟摩訶袒持陀羅尼。（下略）

4非行非坐三昧

上一向用行坐，此既異上，為成四句故，名非行非坐，實通行坐及一切事。而南岳師呼為「隨自意，意起即修三昧」。《大品》稱「覺意三昧」。（下略）（以上錄自《摩訶止觀》卷二上，《大正藏》四十六．十一頁上—十四頁中）

(二) 止觀

行解既勤，三障四魔，紛然競起。重昏巨散，翳動定明。不可隨，不可畏；隨之將人向惡道，畏之妨修正法。當以觀觀昏，即昏而朗；以止止散，即散而寂。（下略）（以上錄自《摩訶止觀》卷五上，《大正藏》四十六．四十九頁上）

(三) 禪定

今且約坐論。若身端心攝，氣息調和，覺此心路，泯然澄靜。怗怗安隱，躡躡而入。其心在緣而不馳散者，此名麤住。

從此心後，怗怗勝前，名為細住。

兩心前後中間，必有持身法，此法起時，自然身體正直，不疲不痛，如似有物扶助身力。

若惡持，來時緊急勁痛，去時寬緩疲困，此是麤惡持法。

若好持法，持麤細住，無寬急過。或一兩時，或一兩日，或一兩月。稍覺深細，豁爾心地作一分開明，身如雲如影，爽然明淨，與定法相應。

持心不動，懷抱淨除，爽爽清冷。隨復空淨，而猶見身心之相，未有支林功

德，是名欲界定。（中略）

住欲界定，或經年月，定法持心，無懈無痛，連日不出，亦可得也。從是心後，泯然一轉，虛豁不見欲界定中身首衣服床鋪，猶如虛空，冏冏安隱。身是事障，事障未來，障去身空，未來得發，是名未到地相。無所知人，得此定，謂是無生忍。性障猶在，未入初禪，豈得謬稱無生定耶？如灰覆火，愚者輕蹈之。（中略）

自有得欲界定，累月住未到，不久即入初禪，此但稱欲界，不言未到。有人住欲界不久，在未到經旬，故言未到，不云欲界。有人具久在二法，故言兩定不可偏判。（中略）

但初禪去欲界近，如疆界多難，應須略知：

初從麤住，訖至非想，通有四分：退、護、住、進。

「退」分又二：一，任運退；二，緣觸退：緣有內外，外諸方便二十五種吐納失所，是為外緣觸退。於靜心中，三障四魔，而生憂愛，是名內緣觸退。後或更修得，或修不得，此人甚多。

「護」分者：善以內外方便，將護定心，不令損失。

「住」分者：或因守護，安隱不失，或任運自住，即是住分。

「進」分者：或任運進，或勤策進，各有橫豎，橫豎各有漸頓。（下略）（以上錄自《摩訶止觀》卷九上，《大正藏》四十六．一一八頁中—一一九頁上）

案：天台智者大師關於禪觀的著述，有：1.《摩訶止觀》十卷（《大正藏》四十六冊），2.《修習止觀坐禪法要》一卷（同上），3.《釋禪波羅蜜次第法門》十卷（同上），4.《六妙法門》一卷（同上），5.《天台智者大師禪門口訣》一卷（同上），6.《釋摩訶般若波羅蜜經覺意三昧》一卷（同上），7.《法界次第初門》三卷（同上）。

左溪玄朗（西元六七三—七五四年）

天台宗第八祖

左溪尊者諱玄朗，字慧明，姓傅氏，其先浦陽郡江夏太守拯公之後，曹魏世，避地于江左，則梁大士翕之六代孫（中略）。母葛氏，初娠夢乘羊車飛空躡虛，而覺身重。自茲已後，葷血惡聞，殆乎產蓐，亦如初寐，後心輕體安，嬰兒不啼，莞爾而笑。

九歲出家，師授其經，日過七紙。如意元年（西元六九二年）閏五月十九日，勅度配清泰寺。弱冠，遠尋光州岸律師受滿足戒，旋學律範。又博覽經論，搜求異同，尤切《涅槃》。常恨古人雖有章疏，判斷未為平允，往在會稽妙喜寺，與印宗禪師商榷祕要，雖互相詆許，大旨未周。聞天台一宗，可以清眾滯，可以趣一理，因詣東陽天宮寺（天台宗七祖）小威法師，竭力以親附之。不患貧苦，達《法華》、《淨名》、《大論》、《止觀》、《禪門》等，凡一宗之教迹，研覈至精。

後依恭禪師，重修觀法。博達儒書，兼閑道宗，無不該覽。雖通諸見，獨以止觀，以為入道之程，作安心之域。雖眾聖繼想，而以觀音悲智為事行良津。遊心十乘，諦冥三觀，四悉利物，六即體偏。雖致心物表，身厭人寰，情捐舊廬，志棲林壑，唯十八種、十二頭陀，隱左溪巖，因以為號。

獨坐一室，三十餘秋，麻紵為衣，糲蔬充食。有願生兜率宮，必資福事，乃營殿壁，繢觀音、賓頭盧像，乃焚香斂念，便感五色神光，道俗俱瞻，歎未曾有。

此後，或猿玃來而捧缽，或飛鳥息以聽經。時有盲狗，來至山門長嘷，宛轉于地，師憫之，焚香精誠為狗懺悔，不踰旬日，雙目豁明。

至開元十六年（西元七二八年），刺史王止容，屈師出山，暫居城下，師辭疾仍歸本居。厥後誨人匪倦，講不待眾。一鬱多羅（七條衣）四十餘年，一尼師壇（具）終身不易。食無重味，居必偏廈。非因尋經典不然一燭，非因覲聖容不行一步。其細行修心，蓋徇律法之制，遂得遠域沙門，鄰境耆耋，擁室填門，若冬陽夏陰，弗召而自至也。

其寺宇凋弊，乃指授僧靈稟，建其殿宇形像，累二甎塔。繢事不用牛膠，悉調香汁。天台之教鼎盛，何莫由斯也。

心不離定中，口不嘗藥味，耄期之歲，同於壯齡。

一日顧謂門人曰：「吾眾事云畢，年旦暮焉，六即道圓，萬行無得。戒為心本，汝等師之。」天寶十三年（西元七五四年）九月十九日，薄疾而終，春秋八十有，僧夏六十有一。（下略）（以上錄自《天台九祖傳》，《卍續藏》一三四．六六八頁上—六六九頁下）

曇倫禪師

（西元？——六二六年）

釋曇倫，姓孫氏，汴州浚儀人。十三出家，住修福寺，依端禪師。然端學次第觀，便誡倫曰：「汝繫心鼻端，可得靜也。」倫曰：「若見有心可繫鼻端，本來不見心相，不知何所繫也？」咸怪其言，嗟其近學，如何遠悟。故在眾末禮悔之時，隨即入定，大眾彈指，心恆加敬。

後送鉢上堂，未至中路，卓然入定，持鉢不傾，師大深賞，異時告曰：「令汝學坐，先淨昏情，猶如剝葱，一一重重剝卻，然後得淨。」倫曰：「若見有葱可有剝削，本來無葱，何所剝也？」師曰：「此大根大莖，非吾所及，不敢役使。」

進具已後，讀經禮佛，都所不為，但閉房不出，行住坐臥，唯離念心，以終其志。

次知直歲，守護僧物，約勒家人曰：「犬有別食，莫與僧粥。」家人以為常事，不用倫言。犬乃於前嘔出僧粥。（中略）

又有義學論士，諍來問者，隨言即遣，無所罣礙。仁壽二年（西元六〇二年），獻后亡背，興造禪室，召而處之。還即捽關，依舊習業。時人目之為臥倫也。

有興善粲法師者，三國論首，無學不長，怪倫臥禪，言問清遠，遂入房與語，探究是非。（中略）倫述般若無底，空華焰水，無依無主，不立正邪，本性清淨。粲乃投地敬之，讚歎：「心路無滯，不思議乃如此也。」

倫在京師，道俗請者相續，而機緣不一，悟迷亦多。雖善巧方便，令其醒悟，然各自執見，見我為是，故此妙理，罕得廣流。（下略）（以上錄自《續高僧傳》卷二十「曇倫」條，《大正藏》五十．五九八頁上—中）

衡岳善伏（西元？——六六〇年）

釋善伏，一名等照，姓蔣，常州義興人。生即白首，性知遠離，五歲於安國寺兄才法師邊出家，布衣蔬食，日誦經卷，目覩七行，一聞不忘。

貞觀三年（西元六二九年），竇刺史聞其聰敏，追充州學，因爾日聽俗講，夕思佛義，博士責之，對曰：「豈不聞乎，行有餘力，所以博觀。如不見信，請問前聞。」乃試之，一無所滯，重為聯類佛教，兩用疏通。於是，學館傾首：「何斯人之若斯也。」

後逃隱出家，志樂佛法，欲罷不能，忽逢山水，淹留忘返。斯因宿習，非近學也。

至蘇州流水寺璧法師所，聽四經三論；又往越州敏法師所，周流經教，頗涉幽求；至天台超禪師所，示以西方淨土觀行。（中略）

又上荊襄蘄部，見信禪師，示以入道方便；又往廬山，見遠公淨土觀堂；還到潤州，巖禪師所，示以無生觀；後共暉、才二師，入桑梓山，行慈悲觀。（中略）又曰：「山有玉則草木潤，泉有龍則水不竭，住處有三寶則善根增長。」常在伏牛山，以虎豹為同侶，食蚊虻為私行。視前六尺，未曾顧眄。經中要偈，口無輟音。大約十五觀、四明論，以為崖准。

顯慶五年（西元六六〇年），行至衡岳，意欲求靜，返更屯結。說法既久，忽告曰：「一切無常，氣息難保，夜深各散，緣盡當離。」時不測其言也，便返閉而坐，爾夜衡州諸寺鐘及笙管，鳴聲徹曉，道俗咸怪，至房闢掩，乃破而開之，見伏端坐久終。（下略）（以上錄自《續高僧傳》卷二十，《大正藏》五十．六〇二頁下—六〇三頁中）

清涼澄觀（西元七三八—八三九年）

華嚴宗第四祖

釋澄觀，姓夏侯氏，越州山陰人也。年甫十一，依寶林寺（應天山）霈禪師出家，誦《法華經》。十四遇恩得度，便隸此寺。

觀，俊朗高逸，弗可以細務拘。遂遍尋名山，旁求秘藏。梯航既具，壺奧必臻。

乾元中（西元七五八—七五九年），依潤州棲霞寺醴律師學相部律。本州依曇一，隸南山律。詣金陵玄璧法師，傳關河三論；三論之盛于江表，觀之力也。

大曆中（西元七六六—七七九年），就瓦棺寺，傳《起信》、《涅槃》。又於淮南法藏，受海東《起信疏義》。卻復天竺詵法師門，溫習《華嚴大經》。七年，往剡溪，從成都慧量法師，覆尋三論。十年，就蘇州，從湛然法師，習天台《止觀》、《法華》、《維摩》等經疏。解從上智，性自天然。所學之文，如昨拋捨。䶖靜記井，蔡邕後身，信可知矣。

又謁牛頭山（慧）忠師，徑山（道）欽師，洛陽無名師，咨決南宗禪法。

復見慧雲禪師，了北宗玄理。

觀，自謂己曰：「五地聖人，身證真如，棲心佛境，於後得智中，起世俗念，學世間技藝。況吾學地，能忘是心？」遂翻習經、傳、子、史、小學、蒼雅、天竺悉曇，諸部異執、四圍、五明、秘咒、儀軌，至于篇頌、筆語、書蹤，一一皆博綜。多能之性，自天縱之。

大曆十一年（西元七七六年），誓遊五台，一一巡禮，祥瑞愈繁。仍往峨嵋，求見普賢，登險陟高，備觀聖像。卻還五台，居大華嚴寺，專行方等懺法。時寺主賢林，請講大經，并演諸論，因慨《華嚴》舊疏，文繁義約，惙然長想：「況文殊主智，普賢主理，二聖合為毘盧遮那，萬行兼通，即是《華嚴》之義也。吾既遊普賢之境界，泊妙吉之鄉原，不疏毘盧，有辜二聖矣。」

觀將撰疏，俄於寤寐之間，見一金人，當陽挺立，以手迎抱之，無何咀嚼都盡，覺即汗流自喜，吞納光明遍照之徵也。（中略）以元和年（西元八〇六—八二〇年）

卒，春秋七十餘，弟子傳法者一百許人，餘堪講者千數。（下略）（以上錄自《宋高僧傳》卷五，《大正藏》五十．七三七頁上—下）

肅宗至德二年（西元七五七年），師受具戒於曇一大師門下，行南山止作事，遂為眾德，講演律藏。

又禮常照禪師，授菩薩戒，原始要終，十誓自勵：體不損沙門之表，心不違如來之制，坐不背法界之經，性不染情愛之境，足不履尼寺之塵，脅不觸居士之榻，目不視非儀之彩，舌不味過午之餚，手不釋圓明之珠，宿不離衣鉢之側。

從牛頭忠、徑山欽，問西來宗旨；又謁洛陽無名禪師，印可融寂，自在受用。即曰：「明以照幽，法以達迷，然交暎千門，融冶萬有，廣大悉備，盡法界之術，唯大《華嚴》。」

復參東京大詵和尚，聽受玄旨，利根頓悟，再周能演。詵曰：「法界宗乘，全在汝矣。」（中略）

開成三年（西元八三八年）三月六日，召上足三教首座寶印大師海岸等，囑曰：「吾聞偶運無功，先聖悼歎。復質無行，古人恥之。無昭穆動靜，無綸緒往復。勿穿鑿異端，勿順非辨偽，勿迷陷邪心，勿固牢鬥諍。大明不能破長夜之昏，慈母不能保身後之子。當取信於佛，無取信於人。真界玄微，非言說所顯，要以深心體解。朗然現前，對境無心，逢緣不動。則不孤我矣。」言訖，趺坐而逝。

師生歷九朝，為七帝師，俗壽一百二，僧臘八十三。言論清雅，動止作則。學贍九流，才供二筆。盡形一食，不蓄餘長。（下略）（以上節錄自《法界宗五祖略記》，《卍續藏》一三四．五四九頁下—五五二頁下）

圭峰宗密（西元七八〇—八四一年）

華嚴宗系：初祖杜順——二祖智儼——賢首法藏——清涼澄觀——圭峰宗密

禪宗系：曹溪惠能——荷澤神會——磁州法如——荊南惟忠——遂州道圓——圭峰宗密

釋宗密，姓何氏，果州西充人也。家本豪盛，少通儒書，欲干世以活生靈，負俊才而隨計吏。（下略）（以上錄自《宋高僧傳》卷六，《大正藏》五十．七四一頁下）

唐元和二年（西元八〇七年），將赴貢舉，遇造圓和尚法席，欣然契會，遂求披削，當年進具。

一日隨眾僧齋于府吏任灌家，居下位，以次受經，得《圓覺》十二章，覽未終軸，感悟流涕，歸以所悟之旨，告于圓，圓撫之曰：「汝當大弘圓頓之教，此諸佛授汝耳。行矣，無自滯於一隅也。」

師涕泣奉命禮辭而去。因謁荊南張禪師（南印），張曰：「傳教人也，當宣導於帝都。」

復見洛陽照禪師（奉國神照），照曰：「菩薩人也，誰能識之。」

尋抵襄漢，因病僧付《華嚴疏》，即上都澄觀大師之所撰也。師未嘗聽習，一覽而講，自欣所遇曰：「向者諸師述作，罕窮厥旨，未若此疏辭源流暢，幽賾煥然。吾禪遇南宗，教逢《圓覺》，一言之下心地開通，一軸之中義天朗耀；今復偶茲絕筆，罄竭于懷。」（中略）

（及見澄觀）觀曰：「毘盧華藏能隨我遊者其汝乎？」師預觀之室，雖日新其德，而認筌執象之患永亡矣。

北遊清涼山，迴住鄠縣草堂寺。未幾復入寺南圭峰蘭若。太和中（西元八二七—八三五年），徵入內，賜紫衣，（唐文宗）帝累問法要，朝士歸慕。惟相國裴公休，深入堂奧，受教為外護。

師以禪教學者，互相非毀，遂著《禪源諸詮》，寫錄諸家所述，詮表禪門根源道理，文字句偈，集為一藏（或云一百卷），以貽後代。（下略）（以上錄自《景德傳燈錄》卷十三，《大正藏》五十一．三〇五頁下—三〇六頁上）

（師自謂）每歎人與法差，法為人病，故別撰經律論疏，大開戒定慧門。顯頓悟資於漸修，證師說符於佛意。意既本末而委示，文乃浩博而難尋，泛學雖多秉志者少，況跡涉名相，誰辨金鍮，徒自疲勞，未見機感。雖佛說悲增是行，而自慮愛見難防，遂捨眾入山，習定均慧，前後息慮，相繼十年。微細習情，起滅彰於靜慧，差別法義，羅列現於空心。虛隙日光，纖埃擾擾，清潭水底，影像昭昭。豈比夫空守默之癡禪，但尋文之狂慧者。

然本因了自心而辨諸教，故懇情於心宗。又因辨諸教而解修心，故虔誠於教義。教也者，諸佛菩薩所留經論也。禪也者，諸善知識所述句偈也。但佛經開張，羅大千八部之眾，禪偈撮略，就此方一類之機。羅眾則渀蕩難依，就機即指的易用。今之纂集，意在斯焉。（下略）（以上錄自〈禪源諸詮集都序〉卷上之一，《大正藏》四十八．三九九頁下）

師會昌元年（西元八四一年）正月六日，於興福塔院坐滅，二十二日道俗等奉全身於圭峰，二月十二日荼毘，得舍利明白潤大。後門人泣而求之，皆得於煨燼，乃藏之石室。壽六十有二，臘三十四。遺誡令「舁屍施鳥獸，焚其骨而散之，勿得悲慕以亂禪觀。每清明上山，必講道七日，其餘住持儀則，當合律科，違者非吾弟子。」（下略）（以上錄自《景德傳燈錄》卷十三，《大正藏》五十一．三〇七頁上。《宋高僧傳》卷六「宗密傳」，亦作同樣記載）

附錄：答史山人十問

（一）問：云何是道？何以修之？為復必須修成？為復不假功用？

答：無礙是道，覺妄是修。道雖本圓，妄起為累，妄念都盡，即是修成。

（二）問：道若因修而成，即是造作，便同世間法，虛偽不實。成而復壞，何名出世？

答：造作是結業，名虛偽世間。無作是修行，即真實出世。

（三）問：其所修者，為頓為漸？漸則忘前失後，何以集合而成？頓則萬行多方，豈得一時圓滿？

答：真理即悟而頓圓，妄情息之而漸盡。頓圓如初生孩子，一日而肢體已全；漸修如長養成人，多年而志氣方立。

（四）問：凡修心地之法，為當悟心即了，為當別有行門？若別有行門，何名南宗頓旨？若悟即同諸佛，何不發神通光明？

答：識冰池而全水，藉陽氣而鎔消。悟凡夫而即真，資法力而修習。冰消則水流潤，方呈溉滌之功。妄盡則心靈通，始發通光之應。修心之外，無別行門。

（五）問：若但修心而得佛者，何故諸經復說，必須莊嚴佛土，教化眾生，方名成道？

答：鏡明而影像千差，心淨而神通萬應。影像類莊嚴佛國，神通則教化眾生。莊嚴而即非莊嚴，影像而亦色非色。

（六）問：諸經皆說度脫眾生，眾生且即非眾生，何故更勞度脫？

答：眾生若是實，度之則為勞，既自云即非眾生，何不例度而無度！

（七）問：諸經說佛常住，或即說佛滅度，常即不滅，滅即非常，豈不相違？

答：離一切相，即名諸佛，何有出世入滅之實乎？見出沒者，在乎機緣。機緣應，則菩提樹下而出現，機緣盡，則娑羅林間而涅槃。（下略）

（八）問：（略）

（九）問：（略）

（一〇）問：和尚因何發心？慕何法而出家？今如何修行得何法味？所行得至何處地位？今住心耶修心耶？若住心妨修心，若修心則動念不安，云何名為學

道？若安心一定，則何異定性之徒？（下略）

答：覺四大如坏幻，達六塵如空華，悟自心為佛心，見本性為法性，是發心也。知心無住，即是修行，無住而知，即為法味。住著於法，斯為動念，故如人入闇，則無所見。今無所住，不染不著，故如人有目及日光明，見種種法，豈為定性之徒。既無所住著，何論處所。（以上錄自《景德傳燈錄》卷十三，《大正藏》五十一．三〇七頁中—下）

案：圭峰宗密大師有關禪及禪觀的著述，尚有：1.《中華傳心地禪門師資承襲圖》一卷（《卍續藏》一一〇冊），2.〈禪源諸詮集都序〉二卷（《大正藏》四十八冊），3.《圓覺經道場修證儀》卷十七及卷十八之〈圓覺道場禪觀修證廣文〉、〈圓覺道場修證禮懺文〉（《卍續藏》一二八冊）。

第二篇

到曹溪時代的禪師

菩提達磨（西元？—五三五年）

西天二十八祖，東土初祖

菩提達磨者，南天竺國香至王第三子也，姓刹帝利，本名菩提多羅。後遇二十七祖般若多羅，至本國受王供養，知師密跡，因試令與二兄辨所施寶珠，發明心要。既而尊者謂曰：「汝於諸法，已得通量。夫達磨者，通大之義也，宜名達磨。」因改號為菩提達磨。

師乃告尊者曰：「我既得法，當往何國而作佛事，願垂開示。」尊者曰：「汝雖得法，未可遠遊，且止南天。待吾滅後，六十七載，當往震旦，設大法藥，直接上根；慎勿速行，衰於日下。」（中略）

師心念：震旦緣熟，行化時至。乃先辭祖塔，次別同學，然至王所，慰而勉之曰：「當勤修白業，護持三寶，吾去非晚，一九即迴。」王聞師言，涕淚交集曰：「此國何罪，彼土何祥，叔既有緣，非吾所止。唯願不忘父母之國，事畢早回。」王即具大舟，實以眾寶，躬率臣寮，送至海壖。師汎重溟，凡三周寒暑，達于南海，實梁普通八年丁未歲（西元五二七年）九月二十一日也。

廣州刺史蕭昂，具主禮迎接，表聞武帝，帝覽奏，遣使齎詔迎請。十月一日至金陵。

帝問曰：「朕即位已來，造寺、寫經、度僧，不可勝紀，有何功德？」師曰：「並無功德。」帝曰：「何以無功德？」師曰：「此但人天小果，有漏之因，如影隨形，雖有非實。」帝曰：「如何是真功德？」答曰：「淨智妙圓，體自空寂，如是功德，不以世求。」帝又問：「如何是聖諦第一義？」師曰：「廓然無聖。」帝曰：「對朕者誰？」師曰：「不識。」帝不領悟，師知機不契，是月十九日，潛迴江北。十一月二十三日，屆于洛陽，當後魏孝明太和十年也。

寓止于嵩山少林寺，面壁而坐，終日默然，人莫之測，謂之壁觀婆羅門。

（中略）

有期城太守楊衒之，早慕佛乘，問師曰：「西天五印，師承為祖，其道如何？」師曰：「明佛心宗，行解相應，名之曰祖。」又問：「此外如何？」師曰：「須明他心，知其今古，不厭有無，於法無取，不賢不愚，無迷無悟。若能是解，故稱為祖。」又曰：「弟子歸心三寶，亦有年矣，而智慧昏蒙，尚迷真理，適聽師言，罔知收措，願師慈悲開示宗旨。」師知懇到，即說偈曰：

「亦不覩惡而生嫌，亦不觀善而勤措；
亦不捨智而近愚，亦不拋迷而就悟。
達大道兮過量，通佛心兮出度；
不與凡聖同躔，超然名之曰祖。」（中略）

以化緣已畢，傳法得人，遂不復救之，端居而逝。即後魏孝明帝太和十九年丙辰歲十月五日也。其年十二月二十八日，葬熊耳山，起塔於定林寺。

後三歲，魏宋雲，奉使西域迴，遇師于葱嶺，見手携隻履，翩翩獨逝。雲問：「師何往？」師曰：「西天去。」又謂雲曰：「汝主已厭世。」雲聞之茫然，別師東邁，暨復命，即明帝已登遐矣。而孝莊即位，雲具奏其事，帝令啟壙，唯空棺，一隻革履存焉。（下略）（以上錄自《景德傳燈錄》卷三，《大正藏》五十一．二一七頁上—二二〇頁中）

慧可禪師

（西元四八七—五九三年）

菩提達磨——慧可禪師

慧可大師者，武牢人也，姓姬氏，父寂，未有子時，嘗自念言：「我家崇善，豈無令子。」禱之既久，一夕感異光照室，其母因而懷妊。及長，遂以照室之瑞，名之曰光。

自幼志氣不群，博涉詩書，尤精玄理，而不事家產，好遊山水。後覽佛書，超然自得，即抵洛陽龍門香山，依寶靜禪師，出家受具。於永穆寺，浮游講肆，遍學大、小乘義，年三十二，卻返香山，終日宴坐。又經八載，於寂默中，倏見一神人謂曰：「將欲受果，何滯此耶。大道匪遙，汝其南矣。」光知神助，因改名神光。翌日覺頭痛如刺，其師欲治之，空中有聲曰：「此乃換骨，非常痛也。」光遂以見神事白於師。師視其頂骨，即如五峰秀出矣，乃曰：「汝相吉祥，當有所證，神令汝南者，斯則少林達磨大士，必汝之師也。」（下略）（以上錄自《景德傳燈錄》卷三「慧可」條，《大正藏》五十一．二二〇頁中—下）

聞達磨大士，住止少林，至人不遙，當造玄境。乃往彼，晨夕參承，師常端坐面牆，莫聞誨勵，光自惟曰：「昔人求道，敲骨取髓，刺血濟饑，布髮掩泥，投崖飼虎，古尚若此，我又何人。」其年十二月九日夜，天大雨雪，光堅立不動，遲明積雪過膝。師憫而問曰：「汝久立雪中，當求何事？」光悲淚曰：「惟願和尚慈悲，開甘露門，廣度群品。」師曰：「諸佛無上妙道，曠劫精勤，難行能行，非忍而忍，豈以小德小智、輕心慢心，欲冀真乘，徒勞勤苦。」光聞師誨勵，潛取利刀，自斷左臂，置于師前，師知是法器，乃曰：「諸佛最初求道，為法忘形，汝今斷臂吾前，求亦可在。」師遂因與易名曰「慧可」。光曰：「諸佛法印，可得聞乎？」師曰：「諸佛法印，匪從人得。」光曰：「我心未寧，乞師與安。」師曰：「將心來與汝安。」曰：「覓心了不可得。」師曰：「我與汝安心竟。」（下略）（以上錄自《景德傳燈錄》卷三「達磨」條，《大正藏》五十一．二一九頁中）

雙峰道信（西元五八〇—六五一年）

菩提達磨——慧可禪師——僧璨禪師——雙峰道信

道信大師者，姓司馬氏，世居河內，後徙於蘄州之廣濟縣。（下略）（此據《景德傳燈錄》卷三，若據《續高僧傳》則云：未詳何人）

初七歲時，經事一師，戒行不純，信每陳諫，以不見從，密懷齋檢，經於五載，而師不知。

又有二僧，莫知何來，入舒州皖公山，靜修禪業，聞而往赴，便蒙授法，隨逐依學，遂經十年。師往羅浮，不許相逐。但於後住，必大弘益。國訪賢良，許度出家。因此附名，住吉州寺。被賊圍城，七十餘日，城中乏水，人皆困弊，信從外入，井水還復。刺史叩頭：「賊何時散？」信曰：「但念般若。」乃令合城，同時合聲。須臾，外賊見城四角，大人力士，威猛絕倫，思欲得見，刺史告曰：「欲見大人，可自入城。」群賊即散。

既見平定，欲往衡岳，路次江洲，道俗留止廬山大林寺。雖經賊盜，又經十年，蘄州道俗，請度江北黃梅縣眾造寺。依然山行，遂見雙峰，有好泉石，即住終志。當夜大有猛獸來繞，並為授歸戒，授已令去。

自入山來，三十餘載，諸州學道，無遠不至。刺史崔義玄，聞而就禮。臨終，語弟子弘忍：「可為吾造塔，命將不久。」又催急成。又問：「中未。」答：「欲至中。」眾人曰：「和尚可不付囑耶？」曰：「生來付囑不少。」此語纔了，奄爾便絕。于時山中五百餘人，並諸州道俗，忽見天地闇冥，遶住三里，樹木葉白。（下略）（以上錄自《續高僧傳》卷二十「釋道信傳」，《大正藏》五十．六〇六頁中）

後，貞觀癸卯歲（西元六四三年），太宗嚮師道味，欲瞻風彩，詔赴京師。上表遜謝，前後三返，竟以疾辭。第四度命使曰：「如果不起，即取首來。」使至山諭旨，師乃引頸就刃，神色儼然。使異之，迴以狀聞，帝彌加歎慕，就賜珍繒，以遂其志。

迄高宗永徽辛亥歲（西元六五一年），閏九月四日，忽垂誡門人曰：「一切諸法，悉皆解脫。汝等各自護念，流化未來。」言迄安坐而逝。壽七十有二，塔于本山，明年四月八日，塔戶無故自開，儀相如生，爾後門人不敢復閉。（下略）（以上錄自《景德傳燈錄》卷三，《大正藏》五十一．二二二頁中－下）

牛頭法融（西元五九四—六五七年）

菩提達磨——慧可禪師——僧璨禪師——雙峰道信——牛頭法融

釋法融，姓韋，潤州延陵人。

年十九，翰林墳典，探索將盡，而姿質都雅，偉秀一期，喟然嘆曰：「儒道俗文，信同糠粃，般若止觀，實可舟航。」遂入茅山，依炅法師，剃除周羅，服勤請道。炅譽動江海，德誘幾神，妙理真筌，無所遺隱。融縱神挹酌，情有所緣。以為慧發亂縱，定開心府，如不凝想，妄慮難摧。乃凝心宴默於空靜林，二十年中，專精匪懈，遂大入妙門，百八總持，樂說無盡。趣言三一，懸河不窮。

貞觀十七年（西元六四三年），於牛頭山幽栖寺北巖下，別立茅茨禪室，日夕思想，無缺寸陰。數年之中，息心之眾百有餘人。初構禪室，四壁未周，弟子道綦、道憑，於中攝念。夜有一獸如羊而入，騰倚揚聲，腳蹴二人，心見其無擾，出庭宛轉而遊。山有石室，深可十步，融於中坐，忽有神蛇長丈餘，目如星火，舉頭揚威，於室口經宿，見融不動，遂去，因居百日。

山素多虎，樵蘇絕人，自融入後，往還無阻。（下略）（以上錄自《續高僧傳》卷二十，《大正藏》五十．六〇三頁下—六〇四頁上）

唐貞觀中，四祖遙觀氣象，知彼（牛頭）山有奇異之人，乃躬自尋訪。（中略）別僧云：「此去山中十里許，有一懶融，見人不起，亦不合掌，莫是道人？」祖遂入山見師，端坐自若，曾無所顧。祖問曰：「在此作什麼？」師曰：「觀心。」祖曰：「觀是何人？心是何物？」師無對，便起作禮。師曰：「大德高棲何所？」祖曰：「貧道不決所止，或東或西。」師曰：「還識道信禪師否？」曰：「何以問他？」師曰：「嚮德滋久，冀一禮謁。」曰：「道信禪師貧道是也。」師曰：「因何降此？」祖曰：「特來相訪，莫更有宴息之處否？」師指後面云：「別有小庵。」遂引祖至庵所，繞庵唯見虎狼之類，祖乃舉兩手，作怖勢。師曰：「猶有這箇在？」祖曰：「適來見什麼？」師無對。少選，祖卻於師宴坐石上，書一「佛」字，師覩之竦然。祖曰：「猶有這箇在？」師未曉，乃稽首請說真要。

祖曰：「夫百千法門，同歸方寸，河沙妙德，總在心源。一切戒門、定門、慧門，神通變化，悉自具足，不離汝心。一切煩惱業障，本來空寂；一切因果，皆如夢幻。無三界可出，無菩提可求。人與非人，性相平等，大道虛曠，絕思絕慮。如是之法，汝今已得，更無闕少，與佛何殊，更無別法。汝但任心自在，莫作觀行，亦莫澄心，莫起貪瞋，莫懷愁慮，蕩蕩無礙，任意縱橫，不作諸善，不作諸惡。行住坐臥，觸目遇緣，總是佛之妙用。快樂無憂，故名為佛。」

師曰：「心既具足，何者是佛，何者是心？」祖曰：「非心不問佛，問佛非不心。」師曰：「既不許作觀行，於境起時，心如何對治？」

祖曰：「境緣無好醜，好醜起於心，心若不彊名，妄情從何起？妄情既不起，真心任遍知。汝但隨心自在，無復對治，即名常住法身，無有變異。吾受璨大師頓教法門，今付於汝，汝今諦受吾言，只住此山，向後當有五人達者，紹汝玄化。」

祖付法訖，遂返雙峰山終老。師自爾法席大盛。（下略）（以上錄自《景德傳燈錄》卷四，《大正藏》五十一．二二七頁上—中）

附錄：心境問答

博陵王問師曰：「境緣色發時，不言緣色起，云何得知緣，乃欲息其起？」

師答曰：「境色初發時，色境二性空；本無知緣者，心量與知同；照本發非發，爾時起自息。抱暗生覺緣，心時緣不逐；至如未生前，色心非養育。從空本無念，想受言念生；起法未曾起，豈用佛教令。」

問曰：「閉目不見色，境慮乃便多；色既不關心，境從何處發？」

師曰：「閉目不見色，內心動慮多；幻識假成用，起名終不過。知色不關心，心亦不關人；隨行有相轉，鳥去空中真。」

問曰：「境發無處所，緣覺了知生；境謝覺還轉，覺乃變為境。若以心曳心，還為覺所覺；從之隨隨去，不離生滅際？」

師曰：「色心前後中，實無緣起境；一念自凝忘，誰能計動靜？此知自無知，知知緣不會；當自檢本形，何須求域外。前境不變謝，後念不來今；求月執玄影，討跡逐飛禽。欲知心本性，還如視夢裡；譬之六月冰，處處皆相似。避空終不脫，求空復不成；借問鏡中像，心從何處生？」

問曰：「恰恰用心時，若為安隱好？」

師曰：「恰恰用心時，恰恰無心用；曲譚名相勞，直說無繁重。無心恰恰用，常用恰恰無；今說無心處，不與有心殊。」

問曰：「智者引妙言，與心相會當；言與心路別，合則萬倍乖。」

師曰：「方便說妙言，破病大乘道。非關本性譚，還從空化造。無念為真常，終當絕心路。離念性不動，生滅無乖誤。谷響既有聲，鏡像能迴顧。」

問曰：「行者體境有，因覺知境亡；前覺及後覺，并境有三心。」

師曰：「境用非體覺，覺罷不應思。因覺知境亡，覺時境不起。前覺及後覺，并境有三遲。」

問曰：「住定俱不轉，將為正三昧，諸業不能牽，不知細無明，徐徐躡其後。」

師曰：「復聞別有人，虛執起心量。三中事不成，不轉還虛妄。心為正受縛，為之淨業障。心塵萬分一，不了說無明。細細習因起，徐徐名相生。風來波浪轉，欲靜水還平。更欲前途說，恐畏後心驚。無念大獸吼，性空下霜雹。星散穢草摧，縱橫飛鳥落。五道定紛綸，四魔不前卻。既如猛火燎，還如利劍斫。」

問曰：「賴覺知萬法，萬法本來然。若假照用心，只得照用心，不應心裡事。」

師曰：「賴覺知萬法，萬法終無賴。若假照用心，應不在心外。」

問曰：「隨隨無簡擇，明心不現前；復慮心闇昧，在心用功行，智障復難除。」

師曰：「有此不可有，尋此不可尋；無簡即真擇，得闇出明心。慮者心冥昧，存心託功行。何論智障難，至佛方為病。」

問曰：「折中消息間，實亦難安帖，自非用行人，此難終難見。」

師曰：「折中欲消息，消息非難易。先觀心處心，次推智中智，第三照推者，第四通無記，第五解脫名，第六等真偽，第七知法本，第八慈無為，第九遍空陰，第十雲雨被。最盡彼無覺，無明生本智。鏡像現三業，幻人化四衢。不住空邊盡，當照有中無；不出空有內，未將空有俱。號之名折中，折中非言說。安帖無處安，用行何能決。」

問曰：「別有一種人，善解空無相。口言定亂一，復道有中無，同證用常寂，知覺寂常用。用心會真理，復言用無用。智慧方便多，言辭與理合，如如理自如，不由識心會。既知心會非，心心復相泯。如是難知法，永劫不能知。同此用心人，法所不能化。」

師曰：「別有證空者，還如前偈論。行空守寂滅，識見暫時翻。會真是心量，終知未了原。又說息心用，多智疑相似。良由性不明，求空且勞己。永劫住幽識，抱相都不知。放光便動地，於彼欲何為？」

問曰：「前件看心者，復有羅穀難。」

師曰：「看心有羅穀，幻心何待看，況無幻心者，從容下口難。」

問曰：「久有大基業，心路差互間。得覺微細障，即達於真際。自非善巧師，無能決此理。仰惟我大師，當為開要門。引導用心者，不令失正道。」

師曰：「法性本基業，夢境成差互，實相微細身，色心常不悟。忽逢混沌士，哀怨愍群生。託疑廣設問，抱理內常明。生死幽徑徹，毀譽心不驚。野老顯分答，法相媿來儀。蒙發群生藥，還如色性為。」（以上錄自《景德傳燈錄》卷四，《大正藏》五十一．二二七頁中—二二八頁上）

牛頭智巖

（西元六〇〇—六七七年）

牛頭法融——牛頭智巖

智巖禪師者，曲阿人也。姓華氏，弱冠，智勇過人，身長七尺六寸，隋大業中，為郎將。常以弓挂一濾水囊，隨行所至汲用。累從大將征討，頻立戰功。唐武德中，年四十，遂乞出家。入舒州皖公山，從寶月禪師為弟子。後，一日宴坐，覩異僧身長丈餘，神姿爽拔，詞氣清朗，謂師曰：「卿八十生出家，宜加精進。」言訖不見。

嘗在谷中入定，山水瀑漲，師怡然不動，其水自退。有獵者遇之，因改過修善。

復有昔同從軍者二人，聞師隱遁，乃共入山尋之，既見，因謂師曰：「郎將狂耶，何為住此？」答曰：「我狂欲醒，君狂正發。夫嗜色淫聲、貪榮冒寵，流轉生死，何由自出。」二人感悟，歎息而去。

師，貞觀十七年（西元六四三年，四十四歲），歸建業，入牛頭山，謁融禪師，發明大事。禪師謂師曰：「吾受信大師真訣，所得都亡；設有一法，勝過涅槃，吾說亦如夢幻。夫一塵飛而翳天，一芥墮而覆地。汝今已過此見，吾復何云。山門化導，當付之於汝。」

師稟命為第二世，後以正法付（慧）方禪師。住白馬、棲玄兩寺，又遷住石頭城。於儀鳳二年（西元六七七年）正月十日示滅。顏色不變，屈伸如生，室有異香，經旬不歇。遺言水葬。壽七十有八，臘三十有九。（以上錄自《景德傳燈錄》卷四，《大正藏》五十一．二二八頁中—下）

幽棲智威（西元六四六—七二二年）

牛頭法融——牛頭智巖——牛頭慧方——牛頭法持——幽棲智威

釋智威，俗姓陳氏，江寧人也。（中略）爰在童年，器殊眾識，至於戲弄，曾不染俗，性惡浮飾，人皆異焉。

無何，一朝忽失其所，父母莫知攸往，乃遍歷諸寺尋訪之，威已依天保寺統法師，誦大乘經，早數百紙，聰敏超倫，眾咸歎服。

年二十，遇恩剃落，隸名于幽巖寺，因從持禪師諮請禪法，妙達深理，繼踵前修。既獲髻珠，淡然閑放。形容溫潤，面如滿月，言辭清雅，慧德蘭芳，望重一期，聲聞遠近，江左定學，往往造焉。其中頓悟心源，即慧忠禪師，乃命嗣山門，盛傳道化。威自出止延祚寺，說法利人，廣施饒益。以開元十年（西元七二二年）二月十八日，終于住寺。遺囑林中飼鳥獸，弟子玄挺等，依言奉行。春秋

七十七。（下略）（以上錄自《宋高僧傳》卷八，《大正藏》五十・七五八頁中—下）

附錄：與慧忠禪師示答偈

其中有慧忠者，目為法器，師嘗有偈示曰：

「莫繫念念，成生死河。
輪迴六趣海，無見出長波。」

慧忠偈答曰：

「念想由來幻，性自無終始；
若得此中意，長波當自止。」

師又示偈曰：

「余本性虛無，緣妄生人我；
如何息妄情，還歸空處坐。」

慧忠偈答曰：

「虛無是實體，人我何所存；
妄情不須息，即汎般若船。」

師知其了悟，乃付以山門，遂隨緣化導。（以上錄自《景德傳燈錄》卷四，《大正藏》五十一．二二八頁下—二二九頁上）

牛頭慧忠（西元六八二—七六九年）

牛頭法融——牛頭智巖——牛頭慧方——牛頭法持——幽棲智威——牛頭慧忠

慧忠禪師者，潤州上元人也，姓王氏。年二十三，受業於莊嚴寺，其後聞（智）威禪師出世，乃往謁之，威纔見曰：「山主來也。」師感悟微旨，遂給侍左右。後辭詣諸方巡禮。威於具戒院見凌霄藤，遇夏萎悴，人欲伐之，因謂之曰：「勿剪，慧忠還時，此藤更生。」及師迴，果如其言，即以山門付囑訖，出居延祚寺。

師平生一衲不易，器用唯一鐺，嘗有供僧穀兩廩，盜者窺伺，虎為守之。縣令張遜者，至山頂謁問師：「有何徒弟？」師曰：「有三、五人。」遜曰：「如何得見？」師敲禪床，有三虎哮吼而出，遜驚怖而退。

後眾請入城，居莊嚴舊寺，師欲於殿東別創法堂。先有古木，群鵲巢其上，工人將伐之，師謂鵲曰：「此地建堂，汝等何不速去。」言訖，群鵲乃遷巢他樹。初築基，有二神人定其四角，復潛資夜役，遂不日而就。繇是四方學徒雲集坐下矣，得法者有三十四人，各住一方，轉化多眾。師嘗有〈安心偈〉，示眾曰：「人法雙淨，善惡兩忘；直心真實，菩提道場。」（下略）（以上錄自《景德傳燈錄》卷四，《大正藏》五十一．二二九頁上—中）

佛窟遺則（西元七五一—八三〇年）

牛頭法融——牛頭智巖——牛頭慧方——牛頭法持——幽棲智威——牛頭慧忠——佛窟遺則

釋遺則（《景德傳燈錄》卷四作「惟則」），俗氏長孫，京兆長安人也。祖洌鄂州司馬，考利涉隱居金陵。則弱不雜俗，恬恬終日而無所營。始從張懷瓘學草書，獨盡筆妙。雅耽經史，尤樂佛書，以為「得吾心」。

一朝，捐家業，從牛頭山慧忠，忠所謂牛頭六祖也。（中略）則既傳（慧）忠之道，精觀久之，以為：「天地無物也，我無物也；雖無物，未嘗無物也。此則聖人如影，百姓如夢，孰為死生哉？至人以是能獨照，能為萬物主，吾知之矣。」

遂南遊天台，至佛窟巖，蓋薜荔，藨落葉而尸居，飲山流，飯木實而充虛。虎豹以為賓，麋鹿以為徒，兀然如枯。

其後，劚木者見之轉相告，有慕其道者曰：「道者未有弟子。」相率為築室，圖佛安僧，蔚為精舍焉。故元和已來，傳則道者，又自以為佛窟學。佛窟之號，自則始也。一坐四十年，大官名侯，齎書問訊檀捨，則未嘗有報謝。禮拜者未嘗而作起。

時歲在庚戌，季夏十有三日，召弟子曰：「汝其勉之。」至十五日夜遂坐歿。（中略）凡則二十歲為僧，臘五十有八而終。善屬文，始授道於鍾山。（下略）

（以上錄自《宋高僧傳》卷十，《大正藏》五十．七六八頁中—下）

鶴林玄素（西元六六八—七五二年）

牛頭法融——牛頭智巖——牛頭慧方——牛頭法持——幽棲智威——鶴林玄素

釋玄素，字道清，俗緣馬氏，潤州延陵人也。生有異度，幼而深仁，乳育安靜，髫亂希尚，求歸釋門，父母從之，出依淨域。以如意年中（西元六九二年），始奉制度，隸名于江寧長壽寺。進具已後，戒光騰燭，定水澄漣，思入玄微，行逾人表。既解色空，常慕宗匠。

晚年，乃南入青山幽棲寺，因事威禪師，躬歷彌載，撞鐘大鳴。威誨以勝法，得其不刊之旨。從是，伏形苦節，交養恬和，敗納襯身，寒暑不易。貴賤怨親，曾無喜慍。時目之為「嬰兒行菩薩」。

道業既高，人希瞻禮。開元年中，僧汪密，請至京口，郡牧韋銑，屈居鶴林。四部歸誠，充塞寺宇。

素，納衣空床，未嘗出戶，王侯稽首，不為動搖。顧世名利，猶如幻焉。

忽於一日，有屠者來禮謁，自生感悟，懺悔先罪，求請素，明中應供，乃欣然受之，降詣其舍，士庶驚駭，咸稱異哉。素曰：「佛性是同，無生豈別，但可度者，吾其度之，何異之有？」（中略）

以天寶十一載（西元七五二年）十一月十一日中夜，無疾而化，春秋八十有五。（下略）（以上錄自《宋高僧傳》卷九，《大正藏》五十．七六一頁下—七六二頁上）

附錄：語錄

（一）或有僧問：「如何是西來意？」師曰：「會即不會，疑即不疑。」師又曰：「不會不疑底，不疑不會底。」

（二）又有僧扣門，師問：「是什麼人？」曰：「是僧。」師曰：「非但是僧，佛來亦不著。」曰：「佛來為什麼不著？」師曰：「無汝止泊處。」（以上錄自《景德傳燈錄》卷四，《大正藏》五十一．二二九頁下）

徑山道欽（西元七一四—七九二年）

牛頭法融——牛頭智巖——牛頭慧方——牛頭法持——幽棲智威——鶴林玄素——徑山道欽

釋法欽，俗姓朱氏，吳郡崑山人也。門第儒雅，祖考皆達玄儒，而傲睨林藪不仕。欽託孕母管氏，忽夢蓮華生於庭際，因折一房，繫於衣裳，既而覺已，便惡葷羶，及迄誕，彌歲，在於髫辮，則好為佛事，立性溫柔，雅好高尚，服勤經史，便從鄉舉。

年二十有八，俶裝赴京師，路由丹徒，因遇鶴林素禪師，默識玄鑒，知有異操，乃謂之曰：「觀子神府溫粹，幾乎生知，若能出家，必會如來知見。」欽聞，悟識本心，素乃躬為剃髮，謂門人法鑑曰：「此子異日大興吾教，與人為師。」尋登壇納戒，鍊行安禪。領徑直之一言，越周旋之三學。自此，辭素南征。素曰：「汝乘流而行，逢徑即止。」

後到臨安，視東北之高巒，乃天目之分徑，偶問樵子，言是徑山，遂謀挂錫於此。見苫蓋覆，罝網屑近而宴居，介然而坐。時雨雪方霽，旁無煙火，獵者至，將取其物，頗甚驚異歎嗟，皆焚網折弓而知止殺焉。

下山募人營小室，請居之。

近山居前，臨海令吳貞，捨別墅以資之。自茲盛化，參學者眾。（中略）

帝（代宗睿武皇帝）累賜以縑繒，陳設御饌，皆拒而不受。止布衣蔬食，悉令弟子分衛，唯用陶器，行少欲知足，無以儔比。帝聞之，更加仰重，謂南陽忠禪師曰：「欲錫欽一名。」手詔賜號「國一」焉。（下略）（以上錄自《宋高僧傳》卷九，《大正藏》五十．七六四頁中—下）

附錄：語錄

（一）有僧問：「如何是道？」師曰：「山上有鯉魚，水底有蓬塵。」

（二）僧問：「如何是祖師西來意？」師曰：「汝問不當。」曰：「如何得當？」師曰：「待吾滅後，即向汝說。」

（三）馬祖令門人智藏來問：「十二時中，以何為境？」師曰：「待汝迴去時有信。」藏曰：「如今便迴去。」師曰：「傳語卻須問取曹谿。」

（四）馬祖令人送書到，書中作一圓相。師發緘，於圓相中作一畫，卻封迴。（忠國師聞，乃云：「欽師猶被馬師惑。」）（以上錄自《景德傳燈錄》卷四，《大正藏》五十一．二三〇頁上）

鳥窠道林（西元七四一—八二四年）

牛頭法融——牛頭智巖——牛頭慧方——牛頭法持——幽棲智威——鶴林玄素——徑山道欽——鳥窠道林

杭州鳥窠道林禪師，本郡富陽人也。姓潘氏，母朱氏，夢日光入口，因而有娠，及誕，異香滿室，遂名香光焉。

九歲出家，二十一於荊州果願寺受戒，後詣長安西明寺復禮法師，學《華嚴經》、《起信論》，復禮示以〈真妄頌〉，俾修禪那。師問曰：「初云何觀，云何用心？」復禮久而無言，師三禮而退。

屬唐代宗詔（賜號）徑山國一禪師至闕。師乃謁之，遂得正法。

及南歸，先是孤山永福寺，有辟支佛塔，時道俗共為法會，師振錫而入，有靈隱寺韜光法師問曰：「此之法會，何以作聲？」師曰：「無聲誰知是會？」

後見秦望山，有長松，枝葉繁茂，盤屈如蓋，遂棲止其上。故時人謂之鳥窠禪師。復有鵲，巢于其側，自然馴狎，人亦目為鵲巢和尚。

有侍者會通，忽一日，欲辭去，師問曰：「汝今何往？」對曰：「會通為法出家，以和尚不垂慈誨，今往諸方學佛法去。」師曰：「若是佛法，吾此間亦有少許。」曰：「如何是和尚佛法？」師於身上拈起布毛吹之，會通遂領悟玄旨。會通禪師（中略）唐德宗時為六宮使，王族咸美之。……七歲蔬食，十一受五戒。……二十有二為出家故休官。……鳥窠即與披剃……師常卯齋晝夜精進，誦大乘經而習安般三昧。尋固辭遊方，鳥窠以布毛示之悟旨，時謂布毛侍者。

元和中（西元八〇六—八二〇年），白居易出守茲郡，因入山禮謁，乃問師曰：「禪師住處甚危險。」師曰：「太守危險尤甚。」曰：「弟子位鎮江山，何險之有？」師曰：「薪火相交，識性不停，得非險乎？」

又問：「如何是佛法大意？」師曰：「諸惡莫作，眾善奉行。」白曰：「三歲孩兒也解恁麼道。」師曰：「三歲孩兒雖道得，八十老人行不得。」白遂作禮。

師於長慶四年（西元八二四年）二月十日，告侍者曰：「吾今報盡。」言訖坐亡。壽八十有四，臘六十三。（以上錄自《景德傳燈錄》卷四，《大正藏》五十一．二三〇頁中—下）

東山弘忍（西元六〇二—六七五年）

菩提達磨——慧可禪師——僧璨禪師——雙峰道信——東山弘忍

釋弘忍，姓周氏，家寓淮左潯陽，一云黃梅人也。王父暨考，皆干名不利，貢于丘園，其母始娠，移月而光照庭室，終夕若晝。其生也，灼爍如初，異香襲人，舉家欣駭。迨能言辭，氣與隣兒弗類。既成童，丱絕其遊弄。厥父偏愛，因令誦書，無記應阻其宿熏，真心早萌其成現，一旦出明，從倚閭如有所待。時，東山信禪師，邂逅至焉。（下略）（以上錄自《宋高僧傳》卷八，《大正藏》五十．七五四頁上）

一日，（信禪師）往黃梅縣，路逢一小兒，骨相奇秀，異乎常童，（信禪）師問曰：「子何姓？」答曰：「姓即有，不是常姓。」師曰：「是何姓？」答曰：「是佛性。」師曰：「汝無姓耶？」答曰：「性空故。」師默識其法器，即俾侍者，至其家，於父母所，乞令出家。父母以宿緣故，殊無難色，遂捨為弟子，名曰弘忍。（下略）（以上錄自《景德傳燈錄》卷三，《大正藏》五十一．二二二頁中）

時年七歲也，至雙峰，習乎僧業，不逭艱辛。夜則斂容而坐，恬澹自居，洎受形俱，戒檢精厲。

信每以頓漸之旨，日省月試之，忍聞言察理，觸事忘情。（中略）信知其可教，悉以其道授之。復命建浮圖，功畢，密付法衣，以為質要。（下略）（以上錄自《宋高僧傳》卷八，《大正藏》五十．七五四頁上—中）

能居士跪受衣法（中略），忍大師自此不復上堂凡三日，大眾疑怪致問，祖曰：「吾道行矣，何更詢之。」復問：「衣法誰得耶？」師曰：「能者得。」（中略）既付衣法，復經四載，至上元二年（西元六七五年），忽告眾曰：「吾今事畢，時可行矣。」即入室安坐而逝，壽七十有四。建塔於黃梅之東山。（下略）（以上錄自《景德傳燈錄》卷三，《大正藏》五十一．二二三頁上—中）

嵩嶽慧安（西元五八二—七〇九年）

菩提達磨——慧可禪師——僧璨禪師——雙峰道信——東山弘忍——嵩嶽慧安

嵩嶽慧安國師，荊州枝江人也，姓衛氏，隋文帝開皇十七年（西元五九七年），括天下私度僧尼，勘師云「木無名」。遂遁于山谷，大業中（西元六〇五—六一六年），大發丁夫，開通濟渠，饑殍相枕，師乞食以救之，獲濟者甚眾。煬帝徵師不赴，潛入太和山。暨帝幸江都，海內擾攘，乃杖錫登衡嶽寺，行頭陀行。唐貞觀中（西元六二七—六四九年），至黃梅，謁忍祖，遂得心要。麟德元年（西元六六四年），遊終南山石壁，因止焉。高宗嘗召，師不奉詔，遍歷名跡，至嵩少云：「是吾終焉之地也。」自爾，禪者輻湊，有坦然、懷讓二人來參，問曰：「如何是祖師西來意？」師曰：「何不問自己意？」曰：「如何是自己意？」師曰：「當觀密作用。」曰：「如何是密作用？」師以目開合示之。然言下知歸，更不他適。讓機緣不逗，辭往曹溪。

武后徵至輦下，待以師禮，與神秀禪師同加欽重。后嘗問師甲子。對曰：「不記。」后曰：「何不記耶？」師曰：「生死之身，其若循環，環無起盡，焉用記為。況此心流注，中間無間，見漚起滅者，乃妄想耳。從初識至動相，滅時亦只如此，何年月而可記乎？」后聞，稽顙信受。

尋以神龍二年（西元七〇六年），中宗賜紫袈裟，度弟子二七人，仍延入禁中，供養三年。又賜摩衲一副，師辭嵩嶽。

是年三月三日，囑門人曰：「吾死已，將屍向林中，待野火焚之。」

俄爾，萬迴公（神異僧，事蹟見《神僧傳》卷七，《大正藏》五十．九九三頁中—九九四頁上）來見師，猖狂握手言論，傍侍傾耳，都不體會。至八日，閉戶偃身而寂。春秋一百二十八。門人遵旨，舁置林間，果野火自然闍維。得舍利八十粒。

（下略）（以上錄自《景德傳燈錄》卷四，《大正藏》五十一．二三一頁下）

蒙山道明

（西元六九七—七八〇年）

菩提達磨——慧可禪師——僧璨禪師——雙峰道信——東山弘忍——蒙山道明

袁州蒙山道明禪師者，鄱陽人，陳宣帝之裔孫也。國亡，落於民間，以其王孫，嘗受署，因有將軍之號。

少於永昌寺出家，慕道頗切，往依五祖法會，極意研尋，初無解悟，及聞五祖密付衣法與盧行者，即率同意數十人，躡跡追逐，至大庾嶺。師最先見，餘輩未及。盧行者見師奔至，即擲衣鉢於盤石曰：「此衣表信，可力爭耶？任君將去。」師遂舉之如山不動。踟躇悚慄，乃曰：「我來求法，非為衣也。願行者開示於我。」祖曰：「不思善，不思惡，正恁麼時，阿那箇是明上坐本來面目？」師當下大悟，遍體汗流，泣禮數拜。問曰：「上來密語密意外，還更別有意旨否？」祖曰：「我今與汝說者，即非密也；汝若返照自己面目，密卻在汝邊。」

師曰：「某甲雖在黃梅隨眾，實未省自己面目，今蒙指授入處，如人飲水，冷暖自知。今行者即是某甲師也。」祖曰：「汝若如是，則是吾與汝同師黃梅，善自護持。」師又問：「某甲向後，宜往何所？」祖曰：「逢袁可止，遇蒙即居。」

師禮謝，遽迴至嶺下，謂眾人曰：「向陟崔嵬遠望，杳無蹤跡，當別道尋之。」皆以為然。

師既迴，遂獨往廬山布水台，經三載後，始往袁州蒙山，大唱玄化。

初名慧明，以避師上字，故名道明，弟子等盡遣過嶺南參禮六祖。（以上錄自《景德傳燈錄》卷四，《大正藏》五十一．二三二頁上）

度門神秀（西元六〇五—七〇六年）

菩提達磨——慧可禪師——僧璨禪師——雙峰道信——東山弘忍——度門神秀

釋神秀，俗姓李氏，今東京尉氏人也。少覽經史，博綜多聞。既而奮志出塵，剃染受法。後遇蘄州雙峰東山寺五祖忍師，以坐禪為務，乃歎伏曰：「此真吾師也。」一決心苦節，以樵汲自役而求其道。（中略）

忍與信（四祖道信與五祖弘忍），俱住東山，故謂其法為東山法門。秀既事忍，忍默識之，深加器重，謂人曰：「吾度人多矣，至於懸解圓照，無先汝者。」

忍於上元中（西元六七五年）卒，秀乃往江陵當陽山居焉。四海緇徒，嚮風而靡，道譽馨香，普蒙熏灼。

則天太后聞之，召赴都，肩輿上殿，親加跪禮，內道場豐其供施，時時問道。敕於昔住山，置度門寺，以旌其德。時王公已下，京邑士庶，競至禮謁，望塵拜伏，日有萬計。洎中宗孝和帝即位，尤加寵重，中書令張說嘗問法，執弟子禮，退謂人曰：「禪師身長八尺，庬眉秀目，威德巍巍，王霸之器也。」（中略）秀以神龍二年（西元七〇六年）卒，士庶皆來送葬，詔賜謚曰大通禪師。（下略）

（以上錄自《宋高僧傳》卷八，《大正藏》五十．七五五頁下—七五六頁上）

附錄：示眾偈

「一切佛法，自心本有；

將心外求，捨父逃走。」（以上錄自《景德傳燈錄》卷四，《大正藏》五十一．二三一頁中）

神秀門下選例五則

一、五台山巨方禪師（西元六四七—七二七年）

安陸人也。姓曹氏，幼稟業於明福院朗禪師，初講經論，後參禪。會及造北宗，秀師問曰：「白雲散處如何？」師曰：「不昧。」秀又問：「到此間後如何？」師曰：「正見一枝生五葉。」秀默許之。入室侍對，庶幾無爽。尋至上黨寒嶺居焉，數歲之間，眾盈千數。後於五台山闡化，涉二十餘載入滅，年八十一。（下略）

二、河中府中條山智封禪師（生卒年不詳）

姓吳氏，初習《唯識論》，滯於名相，為知識所詰，乃發憤罷講。遊行登武當山，見秀禪師，疑心頓釋，思養聖胎，乃辭去。居于蒲津安峰山，不下十年，木食澗飲。

屬州牧衛文昇，請歸城內，建新安國院居之，緇素歸依，憧憧不絕。使君問曰：「某今日後如何？」師曰：「日從濛汜出，照樹全無影。」使君初不能諭，拱揖而退，少選開曉，釋然自得。（下略）

三、兗州降魔藏禪師（西元六四五？—七三六年）

趙郡人也，姓王氏，父為豪掾。師七歲出家，時屬野多妖鬼魅惑於人，師孤形制伏，曾無少畏，故得降魔名焉。

即依廣福院明讚禪師出家服勤。

受法後，遇北宗盛化，便誓摳衣。秀師問曰：「汝名降魔，此無山精木怪，汝翻作魔耶？」師曰：「有佛有魔。」秀曰：「汝若是魔，必住不思議境界。」師曰：「是佛亦空，何境界之有？」秀懸記之曰：「汝與少皞之墟有緣。」

師尋入泰山，數稔學者雲集。一日告門人曰：「吾今老朽，物極有歸。」言訖而逝，壽九十一。（以上三例錄自《景德傳燈錄》卷四，《大正藏》五十一．二三二頁上—中）

四、京師興唐寺普寂禪師（西元六五一—七三九年）

姓馮氏，蒲州河東人也，年纔稚弱，率性軒昂，離俗升壇，循于經律，臨文揣義，迥異恆流。

初聞神秀在荊州玉泉寺，寂乃往師事，凡六年，神秀奇之，盡以其道授焉。（中略）

中宗聞秀高年，特下制令普寂代本師統其法眾。開元二十三年（西元七三五年）勅普寂於都城居止。時王公大人，競來禮謁。

寂嚴重少言，來者難見其和悅之容，遠近尤以此重之。二十七年（西元七三九年）終于上都興唐寺，年八十九。（中略）賜謚曰大慧禪師。（下略）（以上錄自《宋高僧傳》卷九，《大正藏》五十．七六〇頁下）

五、吉州志誠禪師（生卒年不詳）

少於荊南當陽山玉泉寺，奉事神秀禪師，後因兩宗盛化，秀之徒眾，往往譏南宗曰：「能大師不識一字，有何所長？」秀曰：「他得無師之智，深悟上乘，吾不如也。且吾師五祖，親付衣法，豈徒然哉？吾所恨不能遠去親近，虛受國恩。汝等諸人，無滯於此，可往曹溪質疑，他日迴復，還為吾說。」

師（志誠禪師）聞此語，禮辭至韶陽。隨眾參請，不言來處。時六祖告眾曰：「今有盜法之人，潛在此會。」師出禮拜，具陳其事。祖曰：「汝師若為示眾？」對曰：「常指誨大眾，令住心觀靜，長坐不臥。」祖曰：「住心觀靜，是病非禪；長坐拘身，於理何益？聽吾偈曰：『生來坐不臥，死去臥不坐；元是臭骨頭，何為立功過。』」（下略）（以上錄自《景德傳燈錄》卷五，《大正藏》五十一．二三七頁中）

第三篇

曹溪及其門下

曹溪惠能（西元六三八—七一三年）

菩提達磨——慧可禪師——僧璨禪師——雙峰道信——東山弘忍——曹溪惠能

釋惠能，姓盧氏，南海新興人也。其本世居范陽，厥考諱行瑫，武德中（西元六一八—六二六年）流亭新州百姓，終於貶所（案：《景德傳燈錄》卷五稱：「左宦于南海之新州，遂占籍焉，三歲喪父，其母守志鞠養。」），略述家系，避盧亭島夷之不敏也。貞觀十二年戊戌歲（西元六三八年）生能也。純淑迂懷，惠性間出，雖蠻風獠俗，漬染不深，而詭行么形，駁維難測。

父既少失，母且寡居，家亦屢空，業無腴產，能負薪矣，日售荷擔。（《景德傳燈錄》卷五云：「一日負薪至市中。」）偶聞鄽肆間，誦《金剛般若經》。能凝神屬垣，遲遲不去。問曰：「誰邊受學此經？」曰：「從蘄州黃梅馮茂山忍禪師，勸持此法，云即得見性成佛也。」能聞是說，若渴夫之飲寒漿也。忙歸備所須，留奉親老。

咸亨中（西元六七〇至六七三年）往韶陽，遇劉志略（《景德傳燈錄》卷五云：「直抵韶州，遇高行士劉志略，結為交友。」），略有姑，無盡藏（尼），恆讀《涅槃經》，能聽之，即為尼辨析中義。怪能不識文字。乃曰：「諸佛理論，若取文字，非佛意也。」尼深歎服，號為行者。（下略）（以上錄自《宋高僧傳》卷八，《大正藏》卷五十．七五四頁下）

於是，居人競來瞻禮。近有寶林古寺舊地，眾議營緝，俾師居之，四眾霧集，俄成寶坊。

師一日忽自念曰：「我求大法，豈可中道而止。」明日遂行，至昌樂縣，西山石室間，遇智遠禪師，師遂請益。遠曰：「觀子神姿爽拔，殆非常人，吾聞西域菩提達磨，傳心印于黃梅，汝當往彼參決。」

師辭去，直造黃梅之東禪。即唐咸亨二年（西元六七一年，大師三十四歲）也。忍大師一見，默而識之。後傳衣法，令隱于懷集四會之間。（下略）（以上錄自《景德傳燈錄》卷五，《大正藏》五十一．二三五頁中—下）

咸亨中，有一居士，姓盧名慧能，自新州來參謁（五祖弘忍），（忍）師問曰：

「汝自何來？」曰：「嶺南。」（忍）師曰：「欲須何事？」曰：「唯求作佛。」（忍）師曰：「嶺南人無佛性，若為得佛？」曰：「人即有南北，佛性豈然？」（忍）師知是異人，乃訶曰：「著槽廠去。」能禮足而退，便入碓坊，服勞於杵臼之間，晝夜不息。（下略）（以上錄自《景德傳燈錄》卷三「弘忍」條，《大正藏》五十一・二二二頁下）

（欲往求法，念母無依）宿昔有緣，乃蒙一客，取銀十兩，與惠能，令充老母衣糧，教便往黃梅，參禮五祖。惠能安置母畢，即便辭違。不經三十餘日，便至黃梅，禮拜五祖。祖問曰：「汝何方人？欲求何物？」惠能對曰：「弟子是嶺南新州百姓，遠來禮師，惟求作佛，不求餘物。」祖言：「汝是嶺南人，又是獦獠，若為堪作佛？」惠能曰：「人雖有南北，佛性本無南北。獦獠身與和尚不同，佛性有何差別？」五祖更欲與語，且見徒眾總在左右，乃令隨眾作務。惠能曰：「惠能啟和尚：弟子自心，常生智慧；不離自性，即是福田，未審和尚教作何務？」祖云：「這獦獠根性大利，汝更勿言，著槽廠去。」惠能退至後院。有一行者，差惠能破柴踏碓，經八月餘。（下略）（以上錄自《六祖壇經》流通本，《大正藏》四十八・三四八頁上）

經八月，（忍）師知付授時至，遂告眾曰：「正法難解，不可徒記吾言，持為己任，汝等各自隨意述一偈，若語意冥符，則衣法皆付。」

時會下七百餘僧，上座神秀者，學通內外，眾所宗仰，咸共推稱云：「若非尊秀，疇敢當之。」神秀竊聆眾譽，不復思惟，乃於廊壁書一偈。（下略）（以上錄自《景德傳燈錄》卷三「弘忍」條，《大正藏》五十一．二二三頁下）

神秀思惟：「諸人不呈心偈，緣我為教授師，我若不呈心偈，五祖如何得見我心中見解深淺？我將心偈上五祖呈意，求法即善，覓祖不善，卻同凡心奪其聖位。若不呈心偈，終不得法。」良久思惟，甚難，甚難。夜至三更，不令人見，遂向南廊下，中間壁上，題作呈心偈。（中略）秀上座三更於南廊下，中間壁上，秉燭題作偈，人盡不知，偈曰：

「身是菩提樹，心如明鏡台；

時時勤拂拭，莫使有塵埃。」

神秀上座，題此偈畢，歸房臥，並無人見。五祖平旦（中略），南廊下（中略），忽見此偈請記，（中略）遂喚門人盡來，焚香偈前，令眾人見，皆生敬心：「汝等盡誦此，悟此偈者，方得見性；依此修行，即不墮落。」（中略）

五祖遂喚秀上座於堂內，問：「是汝作偈否？若是汝作，應得我法。」秀上座言：「罪過，實是神秀作，不敢求祖。願和尚慈悲，看弟子有小智慧，識大意否？」五祖曰：「汝作此偈，見即未到，只到門前，尚未得入。凡夫依此偈修行，即不墮落。作此見解，若覓無上菩提，即未可得，須入得門，見自本性。汝且去，一兩日來，思惟，更作一偈來呈吾，若入得門，見自本性，當付汝衣法。」秀上座去數日，作不得。（下略）（以上錄自敦煌出土本《六祖壇經》六及七節）

復兩日，有一童子，於碓坊過，唱誦其偈，惠能一聞便知，此偈未見本性。雖未蒙教授，早識大意。遂問童子曰：「誦者何偈？」童子曰：「爾這獦獠，不知大師言：世人生死事大，欲得傳付衣法，令門人作偈來看，若悟大意，即付衣法為第六祖。神秀上座，於南廊壁上，書無相偈，大師令人皆誦，依此偈修，免墮惡道；依此偈修，有大利益。」惠能曰：「上人，我此踏碓八箇餘月，未曾行到堂前，望上人引至偈前禮拜。」

童子引至偈前禮拜，惠能曰：「惠能不識字，請上人為讀。」時有江州別駕，姓張名日用，便高聲讀，惠能聞已，遂言：「亦有一偈，望別駕為書。」別駕言：「汝亦作偈？其事希有！」惠能向別駕言：「欲學無上菩提，不得輕於初學。下下人有上上智，上上人有沒意智；若輕人，即有無量無邊罪。」別駕言：「汝但誦偈，吾為汝書。」（中略）惠能偈曰：

「菩提本無樹，明鏡亦非台；
本來無一物，何處惹塵埃？」

書此偈已，徒眾總驚，無不嗟訝！各相謂言：「奇哉！不得以貌取人，何得多時，使他肉身菩薩。」

祖見眾人驚怪，恐人損害，遂將鞋，擦了偈曰：「亦未見性。」眾以為然。次日，祖潛至碓坊，見能腰石舂米，語曰：「求道之人，為法忘軀，當如是乎。」乃問曰：「米熟也未？」惠能曰：「米熟久矣，猶欠篩在。」祖以杖擊碓三下而去。惠能即會祖意，三鼓入室，祖以袈裟遮圍，不令人見。為說《金剛經》，至「應無所住而生其心」，惠能言下大悟，一切萬法，不離自性。遂啟祖言：「何期自性，本自清淨；何期自性，本不生滅；何期自性，本自具足；何期自性，本無動搖；何期自性，能生萬法。」

祖知悟本性，謂惠能曰：「不識本心，學法無益。若識自本心，見自本性，即名丈夫、天人師、佛。」

三更受法，人盡不知，便傳頓教及衣缽云：「汝為第六代祖，善自護念，廣度有情，流布將來，無令斷絕。聽吾偈曰：

『有情來下種，因地果還生；

無情既無種，無性亦無生。』」

祖復曰：「昔達磨大師初來此土，人未之信，故傳此衣，以為信體，代代相承。法則以心傳心，皆令自悟自解。自古佛佛惟傳本體，師師密付本心。衣為爭端，止汝勿傳。若傳此衣，命如懸絲。汝須速去，恐人害汝。」

惠能啟曰：「向甚處去？」

祖云：「逢懷則止，遇會則藏。」（中略）

祖相送直至九江驛，祖令上船，五祖把艣自搖。惠能言：「請和尚坐，弟子合搖艣。」祖云：「合是吾渡汝。」惠能云：「迷時師度，悟了自度。度名雖一，用處不同。惠能生在邊方，語音不正，蒙師傳法，今已得悟。只合自性自度。」祖云：「如是，如是，以後佛法，由汝大行。汝去三年，吾方逝世。汝今好去，努力向南，不宜速說，佛法難起。」

惠能辭違祖已，發足南行，兩月中間，至大庾嶺。（中略）

惠能後至曹溪，又被惡人尋逐，乃於四會，避難獵人隊中，凡經一十五載。時與獵人，隨宜說法，獵人常令守網，每見生命，盡放之。每至飯時，以菜寄煮肉鍋。或問則對曰：「但喫肉邊菜。」（下略）（以上錄自《六祖壇經》流通本，《大正藏》四十八．三四八頁下—三四九頁下）

至儀鳳元年丙子（西元六七六年，大師三十九歲）正月八日，屆南海，遇印宗法師於法性寺，講《涅槃經》。師寓止廊廡間，暮夜風颺刹幡，聞二僧對論，一云幡動，一云風動，往復酬答，未曾契理。師曰：「可容俗流，輒預高論否？」直以「風幡非動，動自心耳」。印宗竊聆此語，竦然異之。翌日邀師入室，徵風幡之義，師具以理告。印宗不覺起立云：「行者定非常人，師為是誰？」師更無所隱，直敘得法因由。於是，印宗執弟子之禮，請受禪要。乃告四眾曰：「印宗具足凡夫，今遇肉身菩薩。」即指坐下盧居士云：「即此是也。」因請出所傳信衣，悉令瞻禮。

至正月十五日，會諸名德，為之剃髮。二月八日，就法性寺智光律師，受滿分戒。其戒壇即宋朝求那跋陀三藏之所置也。（中略）師具戒已，於此樹下開東山法門。（中略）

明年（西元六七七年）二月八日，（師）忽謂眾曰：「吾不願此居，要歸舊隱。」時印宗與緇白千餘人，送師歸寶林寺。

韶州刺史韋據，請於大梵寺轉妙法輪，并受無相心地戒。門人紀錄，目為《壇經》，盛行於世。然返曹谿，雨大法雨，學者不下千數。（下略）（以上錄自《景德傳燈錄》卷五，《大正藏》五十一．二三五頁下）

武太后、孝和皇帝，咸降璽書，詔赴京闕，蓋神秀禪師之奏舉也。續遣中官薛簡往詔，復謝病不起。（中略）遂賜摩納袈裟一、緣鉢一口、編珠織成經巾、綠質紅暈花綿巾、絹五百匹，充供養云。（中略）

神龍三年（西元七〇七年），勅韶州，可修能所居寺佛殿并方丈，務從嚴飾，賜改額曰：「法泉」也。

延和元年（西元七一二年）七月，命弟子於國恩寺建浮圖一所，促令速就。以先天二年（西元七一三年）八月三日，俄然示疾，異香滿室，白虹屬地，飯食訖，沐浴更衣，彈指不絕，氣微目瞑，全身永謝。爾時山石傾墮，川源息枯，鳥連韻以哀啼，猿斷腸而叫咽。或唱言曰：「世間眼滅，吾疇依乎？」春秋七十六矣。（下略）（以上錄自《宋高僧傳》卷八，《大正藏》五十．七五五頁上—中）

附錄：禪法心要問答・示二種三昧

（一）禪法心要問答

薛簡曰：「京城禪德，皆云欲得會道，必須坐禪習定；若不因禪定而得解脫者，未之有也。未審師所說法如何？」

師曰：「道由心悟，豈在坐也。經云：『若見如來，若坐若臥，是行邪道。』何故？無所從來，亦無所去。若無生滅，是如來清淨禪；諸法空寂，是如來清淨坐。究竟無證，豈況坐耶？」

簡曰：「弟子之迴，主上必問，願和尚慈悲，指示心要。」

師曰：「道無明暗，明暗是代謝之義。明明無盡亦是有盡。」

簡曰：「明喻智慧，暗況煩惱。修道之人，儻不以智慧照破煩惱，無始生死，憑何出離？」

師曰：「若以智慧照煩惱者，此是二乘小兒，羊鹿等機；上智大根，悉不如是。」

簡曰：「如何是大乘見解？」

師曰：「明與無明，其性無二，無二之性，即是實性。實性者，處凡愚而不減，在賢聖而不增；住煩惱而不亂，居禪定而不寂。不斷、不常、不來、不去，不在中間及其內外；不生不滅，性相如如，常住不遷，名之曰道。」

簡曰：「師說不生不滅，何異外道？」

師曰：「外道所說不生不滅者，將滅止生，以生顯滅，滅猶不滅，生說無生。我說不生不滅者，本自無生，今亦無滅，所以不同外道。汝若欲知心要，但一切善惡，都莫思量，自然得入清淨心體，湛然常寂，妙用恆沙！」

簡蒙指教，豁然大悟。禮辭歸闕，表奏師語，有詔謝師，并賜摩衲袈裟。

(二) 示二種三昧

一日，師謂眾曰：「諸善知識，汝等各各淨心，聽吾說法。汝等諸人，自心是佛，更莫狐疑，外無一物而能建立，皆是本心生萬種法。故經云：『心生種種法生，心滅種種法滅。』若欲成就種智，須達一相三昧、一行三昧。若於一切處而不住相，彼相中不生憎愛，亦無取捨，不念利益成壞等事，安閑恬靜，虛融澹泊，此名一相三昧。若於一切處，行住坐臥，純一直心，不動道場，真成淨土，名一行三昧。若人具二三昧，如地有種，能含藏長養，成就其實。一相、一行，亦復如是。我今說法，猶如時雨，溥潤大地。汝等佛性，譬諸種子，遇茲霑洽，悉得發生。承吾旨者，決獲菩提；依吾行者，定證妙果。」（以上錄自《景德傳燈錄》卷五，《大正藏》五十一．二三五頁下——二三六頁中）

永嘉玄覺（西元六六五—七一三年）

曹溪惠能——永嘉玄覺

釋玄覺，字明道，俗姓戴氏，（中略）永嘉人也。總角出家，齠年剃髮。（中略）兄宣法師者，亦名僧也。并猶子二人，並預緇伍。覺本住龍興寺，一門歸信，連影精勤，定根確乎不移，疑樹忽焉自壞。都捐我相，不污客塵，覩其寺旁，別有勝境，遂於巖下，自構禪庵。（中略）覺居其間也，絲不以衣，耕不以食。（下略）（以上錄自《宋高僧傳》卷八，《大正藏》五十．七五八頁上）

丱歲出家，偏探三藏，精天台止觀圓妙法門，於四威儀中，常冥禪觀。（下略）（以上錄自《五燈會元》卷二，《卍續藏》一三八．六十頁下）

八歲出家，博探三藏，特通天台止觀，與左溪玄朗（天台宗第八祖）為同門之友，住溫州龍興寺，尋自構禪庵，獨居研習，常修禪觀。嘗以見《維摩經》而發

明心地。（以上錄自《望月佛教大辭典》九二九頁下—九三〇頁上）

因看《維摩經》，發明心地。偶玄策禪師相訪，與師劇談，出言暗合諸祖。策驚云：「仁者得法師誰耶？」師云：「我聽方等經論，各有師承，後於《維摩經》悟佛心宗，未有證明者。」策云：「威音王已前即得，威音王已後，無師自悟，盡是天然外道。」師云：「願仁者為我證據。」策云：「我言輕，曹溪有六祖大師，四方雲集，並是受法者。」率師同往曹溪。（下略）（以上錄自《聯燈會要》卷三，《卍續藏》一三六．四七二頁下）

後因左谿（玄）朗禪師激勵，與東陽（玄）策禪師，同詣曹谿。初到，振錫攜瓶，繞祖三匝。祖曰：「夫沙門者，具三千威儀，八萬細行，大德自何方而來，生大我慢？」師曰：「生死事大，無常迅速。」祖曰：「何不體取無生，了無速乎？」曰：「體即無生，了本無速。」祖曰：「如是如是。」于時大眾，無不愕然。師方具威儀參禮，須臾告辭。祖曰：「返太速乎？」師曰：「本自非動，豈有速耶？」祖曰：「誰知非動？」曰：「仁者自生分別。」祖曰：「汝甚得無生之意。」曰：「無生豈有意耶？」祖曰：「無意誰當分別？」曰：「分別亦非意。」祖歎曰：「善哉善哉！少留一宿。」時謂一宿覺矣。策公乃留師。

翌日下山，迴溫江，學者輻湊，號真覺大師。（下略）（以上錄自《景德傳燈錄》卷五，《大正藏》五十一．二四一頁上—中）

附錄：觀心十門

第一言法爾者：夫心性虛通，動靜之源莫二；真如絕慮，緣計之念非殊。惑見紛馳，窮之則唯一寂；靈源不狀，鑒之則以千差。千差不同，法眼之名自立；一寂非異，慧眼之號斯存。理量雙銷，佛眼之功圓著。是以三諦一境，法身之理常清；三智一心，般若之明常照。境智冥合，解脫之應隨機。非縱非橫，圓伊之道玄會。故知三德妙性，宛爾無乖一心；深廣難思，何出要而非路？是以即心為道者，可謂尋流而得源。

第二出其觀體者：只知一念，即空不空，非空非不空。

第三語其相應者：心與空相應，則譏毀讚譽，何憂何喜？身與空相應，則刀割香塗，何苦何樂？依報與空相應，則施與劫奪，何得何失？心與空不空相應，則愛見都忘，慈悲普救。身與空不空相應，則內同枯木外現威儀。依報與空不空相應，則永絕貪求資財給濟。心與空不空、非空非不空相應，則實相初明，開佛知見。身與空不空非空非不空相應，則一塵入正受，諸塵三昧起。依報與空不空非空非不空相應，則香台寶閣，嚴土化生。

第四警其上慢者：若不爾者，則未相應也。

第五誡其疎怠者：然渡海應上船，非船何以能渡？修心必須入觀，非觀何以明心？心尚未明，相應何日？思之，勿自恃也。

第六重出觀體者：只知一念，即空不空，非有非無。不知即念，即空不空，非非有非非無。

第七明其是非者：心不是有，心不是無；心不非有，心不非無。是有是無，即墮是；非有非無，即墮非。如是，只是是非之非，未是非是非非之是。今以雙非破兩是，是破非是，猶是非。又以雙非破兩非，非破非非即是是。如是，只是非是非非之是，未是不非不不非不是不不是。是非之惑，綿微難見。神清慮靜，細而研之。

第八簡其詮旨者：然而，至理無言，假文言以明其旨；旨宗非觀，藉修觀以會其宗。若旨之未明，則言之未的；若宗之未會，則觀之未深。深觀乃會其宗，的言必明其旨。旨宗既其明會，旨觀何得復存耶？

第九觸途成觀者：夫再演言詞，重標觀體；欲明宗旨，無異言觀。有逐方移，方移則言理無差，無差則觀旨不異。不異之旨即理，無差之理即宗。旨一而二名，言觀明其弄胤耳。

第十妙契玄源者：夫悟心之士，寧執觀而迷旨，達教之人，豈滯言而惑理？理明則言語道斷，何言之能議？旨會則心行處滅，何觀之能思？心言不能思議者，可謂妙契寰中矣。（以上錄自《景德傳燈錄》卷五，《大正藏》五十一．二四一頁下—二四二頁中）

荷澤神會（西元六六八—七六〇年）

曹溪惠能——荷澤神會

釋神會，姓高，襄陽人也。年方幼學，厥性惇明，從師傳授五經，克通幽賾；次尋莊老，靈府廓然。覽《後漢書》，知浮圖之說，由是於釋教留神，乃無仕進之意。辭親投本府國昌寺顥元法師下出家。其諷誦群經，易同反掌。全大律儀，匪貪講貫。

聞嶺表曹侯溪慧能禪師，盛揚法道，學者駿奔，乃斅善財南方參問，裂裳裹足，以千里為跬步之間耳。

及見能，問會曰：「從何所來？」答曰：「無所從來。」能曰：「汝不歸去。」答曰：「一無所歸。」能曰：「汝太茫茫。」答曰：「身緣在路。」能曰：「由自未到。」答曰：「今已得到，且無滯留。」（下略）（以上錄自《宋高僧

傳》卷八，《大正藏》五十．七五六頁下）

年十四為沙彌，謁六祖，祖曰：「知識遠來，大艱辛，將本來否？若有本則合識主，試說看。」師曰：「以無住為本，見即是主。」祖曰：「遮沙彌爭合取次語？」便以杖打。師於杖下思惟曰：「大善知識，歷劫難逢，今既得遇，豈惜身命。」自此給侍。

他日，祖告眾曰：「吾有一物，無頭無尾，無名無字，無背無面，諸人還識否？」師乃出曰：「是諸佛之本原，神會之佛性。」祖曰：「向汝道無名無字，汝便喚本原佛性。」師禮拜而退。

師尋往西京受戒。唐景龍中（西元七〇七—七〇九年）卻歸曹谿。

祖滅後，二十年間，曹谿頓旨，沉廢於荊吳，嵩嶽漸門，盛行於秦洛。乃入京，天寶四年（西元七四五年）方定兩宗（南能頓宗，北秀漸教），乃著《顯宗記》，盛行于世。

一日，鄉信至，報二親亡，師入堂白槌曰：「父母俱喪，請大眾念摩訶般若。」眾纔集，師便打槌曰：「勞煩大眾。」

師於上元元年（西元七六〇年）五月十三日中夜，奄然而化，俗壽七十五。（下略）（以上錄自《景德傳燈錄》卷五，《大正藏》五十一．二四五頁上—中）

附錄：與惠能大師六問答．無念無作為最上乘

（一）與惠能大師六問答

師於《大藏經》內有六處有疑，問於六祖：

第一問戒、定、慧曰：戒、定、慧如何所用？戒何物，定從何處修，慧因何處起？所見不通流。六祖答曰：定則定其心，將戒戒其行，性中常慧照，自見自知深。

第二問：本無今有有何物？本有今無無何物？誦經不見有無義，真似騎驢更覓驢。答曰：前念惡業本無，後念善生今有，念念常行善行，後代人天不久；汝今正聽吾言，吾即本無今有。

第三問：將生滅卻滅，將滅滅卻生，不了生滅義，所見似聾盲。答曰：將生滅卻滅，令人不執性；將滅滅卻生，令人心離境。未若離二邊，自除生滅病。

第四問：先頓而後漸，先漸而後頓；不悟頓漸人，心裡常迷悶。答曰：聽法頓中漸，悟法漸中頓；修行頓中漸，證果漸中頓。頓漸是常因，悟中不迷悶。

第五問：先定後慧，先慧後定，定慧初後，何生為正？答曰：常生清淨心，定中而有慧；於境上無心，慧中而有定。定慧等無先，雙修自心正。

第六問：先佛而後法，先法而後佛，佛法本根源，起從何處出？答曰：說即先佛而後法，聽即先法而後佛，若論佛法本根源，一切眾生心裡出。

（二）無念無作為最上乘

真三摩提，法無去來，前後際斷，故知無念為最上乘。曠徹清虛，頓開寶藏，心非生滅，性絕推遷。自淨則境慮不生，無作乃攀緣自息。吾於昔日轉不退輪，今得定慧雙修，如拳如手。見無念體，不逐物生，了如來常，更何所起，今此幻質，元是真常；自性如空，本來無相。既達此理，誰怖誰憂？天地不能變其體。心歸法界，萬象一如，遠離思量，智同法性，千經萬論，只是明心。既不立心，即體真理，都無所得。告諸學眾，無外馳求，若最上乘，應當無作。（以上錄自《景德傳燈錄》卷二十八，《大正藏》五十一．四三九頁中—四四〇頁上）

南嶽懷讓（西元六七七—七四四年）

曹溪惠能——南嶽懷讓

釋懷讓，俗姓杜，金州安康人也。始年十歲，雅好佛書，炳然殊姿，特有靈表，識者占是出家相，非染俗貴。（下略）（以上錄自《宋高僧傳》卷九，《大正藏》五十．七六一頁上）

方十五歲，辭親往荊州玉泉寺，依弘景律師出家。通天二年（西元六九七年）受戒後，習毘尼藏，一日自歎曰：「夫出家者，為無為法，天上人間，無有勝者。」時同學坦然（禪師），知師志氣高邁，勸師謁嵩山安和尚，安啟發之，乃直詣曹溪，參六祖。

祖問：「什麼處來？」曰：「嵩山來。」祖曰：「什麼物，恁麼來？」師無語。遂經八載，忽然有省，乃白祖曰：「某甲有個會處。」祖曰：「作麼生？」師曰：「說似一物即不中。」祖曰：「還假修證否？」師曰：「修證則不無，污染即不得。」祖曰：「祇此不污染，諸佛之所護念。汝既如是，吾亦如是。西天般若多羅，讖汝足下，出一馬駒，踏殺天下人，病在汝心，不須速說。」師豁然契會，執侍左右一十五載。（以上錄自：1.《景德傳燈錄》卷五，《大正藏》五十一・二四〇頁下。2.《五燈會元》卷三，《卍續藏》一三八・八十四頁上）

能公大事緣畢，讓乃躋衡嶽，止于觀音台。時有僧玄至，拘刑獄，舉念願讓師救護，讓早知而勉之，其僧脫難，云是救苦觀音，得斯號也。（下略）（以上錄自《宋高僧傳》卷九，《大正藏》五十・七六一頁上）

附錄：坐禪作佛與磨磚作鏡・馬祖不闕鹽醬喫

（一）坐禪作佛與磨磚作鏡

開元中（西元七一三—七四一年），有沙門道一，（即馬祖道一也，）住傳法院，常日坐禪，師知是法器，往問曰：「大德坐禪圖什麼？」一曰：「圖作佛。」師乃取一磚，於彼庵前石上磨。一曰：「師作什麼？」師曰：「磨作鏡。」一曰：「磨磚豈得成鏡耶？」師曰：「磨磚既不成鏡，坐禪豈得成佛耶？」一曰：「如何即是？」師曰：「如人駕車，不行，打車即是？打牛即是？」一無對。師又曰：「汝學坐禪，為學坐佛？若學坐禪，禪非坐臥；若學坐佛，佛非定相。於無住法，不應取捨。汝若坐佛，即是殺佛；若執坐相，非達其理。」

一聞示誨，如飲醍醐，禮拜問曰：「如何用心，即合無相三昧？」師曰：「汝學心地法門，如下種子，我說法要，譬彼天澤。汝緣合故，當見其道。」

又問曰：「道非色相，云何能見？」師曰：「心地法眼，能見乎道，無相三昧，亦復然矣。」一曰：「有成壞否？」師曰：「若以成壞聚散而見道者，非見道也。聽吾偈曰：

『心地含諸種，遇澤悉皆萌；
三昧華無相，何壞復何成。』」

一蒙開悟，心意超然。侍奉十秋，日益玄奧。（以上錄自《景德傳燈錄》卷五，《大正藏》五十一．二四〇頁下－二四一頁上）

（二）馬祖不闕鹽醬喫

後，馬大師闡化於江西，師問眾曰：「道一為眾說法否？」眾曰：「已為眾說法。」師曰：「總未見人持箇消息來。」眾無對。因遣一僧去云：「待伊上堂時，但問作麼生？伊道底言語記將來。」僧去，一如師旨，迴謂師曰：「馬師云：自從胡亂後，三十年不曾闕鹽醬喫。」師然之。（以上錄自《景德傳燈錄》卷五，《大正藏》五十一．二四一頁上）

光宅慧忠（西元？——七七五年）

曹溪惠能——光宅慧忠

釋慧忠，俗姓冉氏，越州諸暨人也。（中略）肌膚冰雪，神宇峻爽。少而好學，法受雙峰，默默全真，心承一印，行無住相，歷試名山。五嶺、羅浮、四明、天目，白崖倚帝，紫閣摩穹。或松下安居於九旬，或嵌空息慮於三昧。既懸明月之戒，亦淨琉璃之心；已度禪定之門，不起無生之見。（中略）分衛人間，薄遊吳楚，以至于順陽川焉，卜居黨子之林泉，四十餘祀，深入法王之聖定。（下略）（以上錄自《宋高僧傳》卷九，《大正藏》五十．七六二頁中）

唐肅宗上元二年（西元七六一年），勅中使孫朝進，齎詔徵赴京，待以師禮。初居千福寺西禪院，及代宗臨御，復迎止光宅精藍。十有六載，隨機說法。

時有西天大耳三藏到京，云得他心慧眼。帝勅令與國師試驗。三藏才見師，便禮拜立于右邊。師問曰：「汝得他心通耶？」對曰：「不敢。」師曰：「汝道老僧即今在什麼處？」曰：「和尚是一國之師，何得卻去西川看競渡？」師再問：「汝道老僧即今在什麼處？」曰：「和尚是一國之師，何得卻在天津橋上看弄猢猻？」師第三問語亦同前，三藏良久，罔知去處。師叱曰：「這野狐精，他心通在什麼處？」三藏無對。（下略）（以上錄自《景德傳燈錄》卷五，《大正藏》五十一．二四四頁上）

附錄：語錄

（一）麻谷到參，繞禪床三匝，於師前振錫而立。師曰：「既如是，何用更見貧道？」麻谷又振錫。師叱曰：「這野狐精，出去！」（下略）

（二）有僧問：「若為得成佛去？」師曰：「佛與眾生，一時放卻，當處解脫。」問：「作麼生得相應去？」師云：「善惡不思，自見佛性。」

（三）問：「若為得證法身？」師曰：「越毘盧之境界。」曰：「清淨法身，作麼生得？」師曰：「不著佛求耳。」問：「阿那箇是佛？」師曰：「即心是佛。」曰：「心有煩惱否？」師曰：「煩惱性自離。」曰：「豈不斷耶？」師曰：「斷煩惱者，即名二乘；煩惱不生，名大涅槃。」

（四）問：「坐禪看靜，此復若為？」師曰：「不垢不淨，寧用起心而看淨相。」

（五）問：「即心是佛，可更修萬行否？」師曰：「諸聖皆具二嚴，豈撥無因果耶？」又曰：「我今答汝，窮劫不盡，言多去道遠矣。所以道：說法有所得，斯則野干鳴，說法無所得，是名師子吼！」

（六）魚軍容問：「師住白崖山，十二時中，如何修道？」師喚童子來，摩頂曰：「惺惺直然惺惺，歷歷直然歷歷。」（下略）

（七）師與紫璘供奉論義，既陞坐，供奉曰：「請師立義某甲破。」師曰：「立義竟。」供奉曰：「是什麼義？」師曰：「果然不見，非公境界。」便下坐。

（八）一日，師問紫璘供奉：「佛是什麼義？」曰：「是覺義。」師曰：「佛曾迷否？」曰：「不曾迷。」師曰：「用覺作麼？」無對。（以上錄自《景德傳燈錄》卷五，《大正藏》五十一．二四四頁中—下）

曹溪門下其餘選例三則

一、玄策禪師（生卒年不詳）論禪定

有智隍禪師者，曾謁黃梅五祖，庵居二十年，自謂正受。師知隍所得未真，往問曰：「汝坐於此作麼？」隍曰：「入定。」師曰：「汝言入定，有心耶？無心耶？若有心者，一切蠢動之類，皆應得定；若無心者，一切草木之流亦合得定。」曰：「我正入定時，則不見有有無之心。」師曰：「既不見有有無之心，即是常定，何有出入？若有出入，則非大定。」隍無語良久，問師嗣誰？師曰：「我師曹谿六祖。」曰：「六祖以何為禪定？」師曰：「我師云：夫妙湛圓寂，體用如如；五陰本空，六塵非有；不出不入，不定不亂。禪性無住，離住禪寂。禪性無生，離生禪想，心如虛空，亦無虛空之量。」隍聞此說，遂造于曹谿，請決疑翳，而祖意與師冥符，隍始開悟。（下略）（以上錄自《景德傳燈錄》卷五，《大正藏》五十一．二四三頁下）

二、司空山本淨禪師（西元六六七—七六一年）論無心是道

唐天寶三年（西元七四四年），玄宗遣中使楊光庭，入山采常春藤，因造丈室禮問曰：「（中略）未審佛之與道，其議云何？」師曰：「若欲求佛，即心是佛；若欲會道，無心是道。」曰：「云何即心是佛？」師曰：「佛因心悟，心以佛彰；若悟無心，佛亦不有。」曰：「云何無心是道？」師曰：「道本無心，無心名道；若了無心，無心即道。」光庭作禮信受。（下略）（以上錄自《景德傳燈錄》卷五，《大正藏》五十一．二四二頁中—下）

三、西域堀多三藏（生卒年不詳）論觀靜

堀多三藏者，天竺人也，東遊韶陽，見六祖，於言下契悟。後遊五台，至定襄縣歷村，見一僧結庵而坐，三藏問曰：「汝孤坐奚為？」曰：「觀靜。」三藏曰：「觀者何人？靜者何物？」其僧作禮問曰：「此理何如？」三藏曰：「汝何不自觀自靜？」彼僧茫然，莫知其對。三藏曰：「（中略）兀然空坐，於道何益？」（下略）（以上錄自《景德傳燈錄》卷五，《大正藏》五十一．二三七頁上）

第四篇

馬祖門下

大珠慧海（生卒年不詳）

曹溪惠能——南嶽懷讓——馬祖道一——大珠慧海

越州大珠慧海禪師者，建州人也，姓朱氏，依越州大雲寺道智和尚受業。初至江西參馬祖，祖問曰：「從何處來？」曰：「越州大雲寺來。」祖曰：「來此擬須何事？」曰：「來求佛法。」祖曰：「自家寶藏不顧，拋家散走作什麼？我這裡一物也無，求什麼佛法！」師遂禮拜問曰：「阿那箇是慧海自家寶藏？」祖曰：「即今問我者，是汝寶藏，一切具足，更無欠少，使用自在，何假向外求覓？」師於言下自識本心，不由知覺，踴躍禮謝。師事六載。

後以受業師年老，遽歸奉養。乃晦跡藏用，外示癡訥。自撰《頓悟入道要門論》一卷，被法門師姪玄晏，竊出江外呈馬祖，祖覽訖，告眾云：「越州有大珠，圓明光透，自在無遮障處也。」

眾中有知師姓朱者，迭相推識，結契來越上，尋訪依附。師謂曰：「禪客，我不會禪，並無一法可示於人，故不勞汝久立，且自歇去。」

時學侶漸多，日夜叩激，事不得已，隨問隨答，其辯無礙。（下略）（以上錄自《景德傳燈錄》卷六，《大正藏》五十一．二四六頁下）

附錄：語錄摘要

（一）誰說《金剛經》？何為生死業？

僧又問：「師說何法度人？」師曰：「貧道未曾有一法度人。」曰：「禪師家渾如此？」

師卻問曰：「大德說何法度人？」曰：「講《金剛般若經》。」師曰：「講幾坐來？」曰：「二十餘坐。」師曰：「此經是阿誰說？」僧抗聲曰：「禪師相弄，豈不知是佛說耶？」師曰：「若言如來有所說法，則為謗佛，是人不解我所說義。若言此經不是佛說，則是謗經。請大德說看。」無對。

師少頃又問：「經云：若以色見我，以音聲求我，是人行邪道，不能見如來。大德且道，阿那箇是如來？」曰：「某甲到此卻迷去。」師曰：「從來未悟，說什麼卻迷。」僧曰：「請禪師為說。」師曰：「大德講經二十餘坐，卻未識如來。」其僧再禮拜，願垂開示。師曰：「如來者，是諸法如義，何得忘卻？」曰：「是，是諸法如義。」師曰：「大德是亦未是？」曰：「經文分明，那得未是。」師曰：「大德如否？」曰：「如。」師曰：「木石如否？」曰：「如。」師曰：「大德如同木石如否？」曰：「無二。」師曰：「大德與木石何別？」僧無對。

良久卻問：「如何得大涅槃？」師曰：「不造生死業。」對曰：「如何是生死業？」師曰：「求大涅槃，是生死業；捨垢取淨，是生死業；有得有證，是生死業；不脫對治門，是生死業。」曰：「云何即得解脫？」師曰：「本自無縛，不用求解；直用直行，是無等等。」（以上錄自《景德傳燈錄》卷六，《大正藏》五十一．二四六頁下—二四七頁上）

（二）真如有變無變

有三藏法師問：「真如有變易否？」師曰：「有變易。」三藏曰：「禪師錯也。」師卻問三藏：「有真如否？」曰：「有。」師曰：「若無變易，決定是凡僧也。豈不聞，善知識者，能迴三毒為三聚淨戒，迴六識為六神通，迴煩惱作菩提，迴無明為大智真如。若無變易，三藏真是自然外道也。」

三藏曰：「若爾者，真如即有變易。」師曰：「若執真如有變易，亦是外道。」曰：「禪師適來說真如有變易，如今又道不變易，如何即是的當？」師曰：「若了了見性者，如摩尼珠現色，說變亦得，說不變亦得；若不見性人，聞說真如變，便作變解，聞說不變，便作不變解。」三藏曰：「故知南宗實不可測。」（以上錄自《景德傳燈錄》卷六，《大正藏》五十一．二四七頁中）

(三) 饑來喫飯困來眠

有源律師來問：「和尚修道，還用功否？」師曰：「用功。」曰：「如何用功？」師曰：「饑來喫飯，困來即眠。」曰：「一切人總如是，同師用功否？」師曰：「不同。」曰：「何故不同？」師曰：「他喫飯時不肯喫飯，百種須索；睡時不肯睡，千般計校，所以不同也。」律師杜口。（以上錄自《景德傳燈錄》卷六，《大正藏》五十一．二四七頁下）

百丈懷海

（西元七二〇—八一四年）

曹溪惠能——南嶽懷讓——馬祖道一——百丈懷海

洪州百丈山懷海禪師者，福州長樂人也。丱歲離塵，三學該練，屬大寂闡化南康，乃傾心依附。與西堂智藏禪師，同號入室，時二大士為角立焉。（下略）（以上錄自《景德傳燈錄》卷六，《大正藏》五十一．二四九頁中）

師侍馬祖行次，見一群野鴨飛過，祖曰：「是甚麼？」師曰：「野鴨子。」祖曰：「甚處去也？」師曰：「飛過去也。」祖遂回頭，將師鼻一搊，負痛失聲。祖曰：「又道飛過去也！」師於言下有省，卻歸侍者寮，哀哀大哭。同事問曰：「汝憶父母邪？」師曰：「無。」曰：「被人罵邪？」師曰：「無。」曰：「哭作甚麼？」師曰：「我鼻孔被大師搊得痛不徹。」同事曰：「有甚因緣不契？」師曰：「汝問取和尚去。」

同事問大師曰：「海侍者有何因緣不契，在寮中哭，告和尚為某甲說。」大師曰：「是伊會也，汝自問取他。」同事歸寮曰：「和尚道，汝會也，令我自問汝。」師乃呵呵大笑。同事曰：「適來哭，如今為甚卻笑？」師曰：「適來哭，如今笑。」同事罔然。

次日，馬祖陞堂，眾纔集，師出卷卻席，祖便下座。師隨至方丈。祖曰：「我適來未曾說話，汝為甚便卷卻席？」師曰：「昨日被和尚搊得鼻頭痛。」祖曰：「汝昨日向甚處留心？」師曰：「鼻頭今日又不痛也。」祖曰：「汝深明昨日事。」師作禮而退。

師再參侍立次，祖目視繩床角拂子。師曰：「即此用，離此用。」祖曰：「汝向後開兩片皮，將何為人？」師取拂子豎起。祖曰：「即此用，離此用。」師挂拂子於舊處。祖振威一喝，師直得三日耳聾。

自此，雷音將震，檀信請於洪州新吳界，住大雄山。以居處巖巒峻極，故號百丈。既處之，未朞月，參玄之賓，四方麏至，溈山（靈祐）黃檗（希運），當其首。（以上錄自《百丈懷海語錄》，《卍續藏》一一九．八一七頁下—八一八頁上）

以元和九年甲午歲（西元八一四年）正月十七日歸寂，享年九十五矣。（下略）（以

上錄自《宋高僧傳》卷十，《大正藏》五十．七七一頁上）

附錄：語錄摘要

（一）不循律制，別立禪居清規

（海）且曰：吾行大乘法，豈宜以諸部阿笈摩教為隨行邪？或曰：《瑜伽論》、《瓔珞經》，是大乘戒律，胡不依隨乎？海曰：吾於大、小乘中，博約折中，設規務歸於善焉。乃創意不循律制，別立禪居。

初自達磨傳法，至六祖已來，得道眼者號長老，同西域道高臘長者，呼須菩提也，然多居律寺中，唯別院異耳。又令不論高下，盡入僧堂，堂中設長連床，施椸架，挂搭道具。臥必斜枕床脣，謂之帶刀睡，為其坐禪既久，略偃亞而已。朝參夕聚，飲食隨宜，示節儉也；行普請法，示上下均力也。長老居方丈，同維摩之一室也。不立佛殿，唯樹法堂，表法超言象也。其諸制度，與毘尼師，一倍相翻，天下禪宗，如風偃草，禪門獨行，由海之始也。（以上錄自《宋高僧傳》卷十，《大正藏》五十．七七〇頁下—七七一頁上）

置十務，謂之寮舍，每用首領一人，管多人營事，令各司其局也（主飯者目為飯頭，主菜者目為菜頭，他皆倣此。）或有假號竊形，混于清眾，并別致喧撓之事，即堂維那，檢舉抽下本位掛搭，擯令出院者，貴安清眾也。或彼有所犯，即以拄杖杖之，集眾燒衣鉢道具，遣逐從偏門而出者，示恥辱也。詳此一條，制有四益：一，不污清眾，生恭信故；二，不毀僧形，循佛制故；三，不擾公門，省獄訟故；四，不洩于外，護宗綱故。（以上錄自《景德傳燈錄》卷六，《大正藏》五十一．二五一頁上）

（二）見與師齊，減師半德

黃檗到師處，一日辭云：「欲禮拜馬祖去。」師云：「馬祖已遷化也。」檗云：「未審，馬祖有何言句？」師遂舉再參馬祖豎拂因緣言：「佛法不是小事，老僧當時被因馬大師一喝，直得三日耳聾。」檗聞舉，不覺吐舌。師云：「子已後莫承嗣馬祖去麼？」檗云：「不然，今日因師舉，得見馬祖大機之用；然且不識馬祖，若嗣馬祖，已後喪我兒孫。」師曰：「如是如是，見與師齊，減師半德；見過於師，方堪傳授。子甚有超師之見。」（以上錄自《百丈懷海語錄》，《卍續藏》一一九．八一八頁上）

（三）併卻咽喉脣吻道來

師上堂云：「併卻咽喉脣吻，速道將來。」溈山云：「某甲不道，請和尚道。」師云：「不辭與汝道，久後喪我兒孫。」

五峰云：「和尚亦須併卻。」師云：「無人處，斫額望汝。」

雲巖云：「某甲有道處，請和尚舉。」師云：「併卻咽喉脣吻，速道將來。」雲巖曰：「師今有也。」師曰：「喪我兒孫。」（以上錄自《景德傳燈錄》卷六，《大正藏》五十一．二四九頁下）

（四）大乘頓悟法門

僧問：「如何是大乘頓悟法門？」

師曰：「汝等先歇諸緣，休息萬事，善與不善，世出世間，一切諸法，莫記憶、莫緣念，放捨身心，令其自在。心如木石，無所辯別，心無所行。心地若空，慧日自現，如雲開日出，相似俱歇。一切攀緣，貪瞋愛取，垢淨情盡。對五欲八風，不被見聞覺知所縛，不被諸境所惑，自然具足神通妙用，是解脫人。「對一切境，心無靜亂，不攝不散；透一切聲色，無有滯礙，名為道人。但不被一切善惡垢淨、有為世間、福智拘繫，即名為佛慧。是非好醜，是理非理，諸知見總盡，不被繫縛，處心自在，名初發心菩薩，便登佛地。」（下略）（以上錄自《景德傳燈錄》卷六，《大正藏》五十一．二五〇頁上）

（五）語錄

1. 問：「如何得自由？」答：「如今對五欲八風，情無取捨，垢淨俱亡，如日月在空，不緣而照；心如木石，亦如香象截流而過，更無疑滯。此人天堂地獄所不能攝也。」（下略）

2. 一日，有僧哭入法堂來，師曰：「作麼？」曰：「父母俱喪，請師選日。」師云：「明日來，一時埋卻。」

3. 師謂眾曰：「我要一人傳語西堂（智藏），阿誰去得？」五峰云：「某甲去。」師云：「汝作麼生傳語？」五峰云：「待見西堂即道。」師云：「道什麼？」五峰云：「卻來說似和尚。」

4. 問：「如何是佛？」師云：「汝是阿誰？」僧云：「某甲。」師云：「汝識某甲否？」僧云：「分明箇。」師乃舉起拂子云：「汝還見麼？」僧云：

「見。」師乃不語。

5.問：「依經解義，三世佛怨；離經一字，如同魔說如何？」師云：「固守動靜，三世佛怨；此外別求，即同魔說。」

6.師謂眾云：「有一人，長不喫飯，不道饑；有一人，終日喫飯，不道飽。」眾皆無對。

7.雲巖問：「和尚每日驅驅為阿誰？」師云：「有一人要。」巖云：「因甚麼不教伊自作。」師云：「他無家活。」（以上錄自《景德傳燈錄》卷六，《大正藏》五十一．二四九頁下—二五〇頁下）

南泉普願（西元七四八—八三四年）

曹溪惠能——南嶽懷讓——馬祖道一——南泉普願

釋普願，俗姓王，鄭州新鄭人也。（中略）

願在孕，母不喜葷血。

至德二年（西元七五七年，十歲），跪請於父母，乞出家，脫然有去羈鞅之色。乃投密縣大隈山，大慧禪師受業。苦節篤勵，胼胝皸瘃，不敢為身主，其師異之。

大曆十二年（西元七七七年），願春秋三十矣。詣嵩山會善寺暠律師受具，習相部舊章，究毘尼篇聚之學。後遊講肆，上《楞伽》頂，入《華嚴》海會，抉《中》、《百》、《門》觀之關鑰，領玄機於疏論之外，當其鋒者，皆旗靡轍亂。

大寂門下，八百餘人，每參聽之後，尋繹師說，是非紛錯。願或自默而語，群論皆弭。曰：夫人不言，乃言爾耳。自後，含景匿耀，似不能言者，人以其無

法說，或扣其關，亦堅拒不洩。時有密賾其機者，微露頭角，乃知其非無法說，

時未至矣。（下略）（以上錄自《宋高僧傳》卷十一，《大正藏》五十．七七四頁下—七七五

頁上）

後扣大寂（馬祖）之室，頓然忘筌，得遊戲三昧。一日為僧行粥次，馬大師

問：「桶裡是什麼？」師云：「這老漢，合取口，作恁麼語話！」自餘同參之

流，無敢徵詰。（下略）（以上錄自《景德傳燈錄》卷八，《大正藏》五十一．二五七頁中）

貞元十一年（西元七九五年，四十八歲），拄錫池陽南泉山，堙谷刊木，以構禪宇，

簑笠飯牛，溷于牧童，斫山畬田，種食以饒。足不下南泉，三十年矣。

夫洪鐘不為莛撞發聲，聲之者故有待矣。

太和年（西元八二七—八三五年）初，宣使陸公亘，前池陽太守，皆知其抗跡塵

外，為四方法眼，與護軍彭城劉公，同迎請下山，北面申禮。不經再歲，毳衣之

子，奔走道途，不下數百人。

太和甲寅歲（西元八三四年）（中略）十二月（中略）二十五日，東方明，告門

人曰：「星翳燈幻亦久矣，勿謂吾有去來也。」言訖而謝。春秋八十七，僧臘

五十八。（下略）（以上錄自《宋高僧傳》卷十一，《大正藏》五十．七七五頁上—中）

附錄：語錄

（一）一日，師示眾云：「道箇如如，早是變也。今時師僧，須向異類中行。」歸宗云：「雖行畜生行，不得畜生報。」師云：「孟八郎又恁麼去也。」

（二）師有時云：「文殊、普賢，昨夜三更，每人與二十棒趁出院也。」趙州云：「和尚棒教誰喫？」師云：「且道，王老師過在什麼處？」趙州禮拜而出。

（三）師擬取明日遊莊舍，其夜土地神先報莊主，莊主乃預為備，師到問莊主：「爭知老僧來，排辦如此？」莊主云：「昨夜土地報道，和尚今日來。」師云：「王老師修行無力，被鬼神覷見。」有僧便問：「和尚既是善知識，為什麼被鬼神覷見？」師云：「土地前更下一分飯。」

（四）師有時云：「江西馬祖說，即心即佛，王老師不恁麼道，不是心、不是佛、不是物，恁麼道還有過麼？」趙州禮拜而出。時有一僧隨問趙州云：「上座禮拜了便出，意作麼生？」趙州云：「汝卻問取和尚。」僧上問曰：「適來諗上座意作麼生？」師云：「他卻領得老僧意旨。」

（五）師一日，捧缽上堂，黃檗和尚居第一座，見師不起，師問云：「長老什麼年中行道？」黃檗云：「空王佛時。」師云：「猶是王老師孫，在下去。」

（六）師又別時問黃檗：「定、慧等學，此理如何？」黃檗云：「十二時中，不依倚一物。」師云：「莫是長老見處麼？」黃檗云：「不敢。」師云：「漿水價且置，草鞋錢教阿誰還？」

（七）師因東、西兩堂，各爭貓兒，師遇之，白眾曰：「道得，即救取貓兒；道不得，即斬卻也。」眾無對，師便斬之。趙州自外歸，師舉前語示之，趙州乃脫履安頭上而出。師曰：「汝適來若在，即救得貓兒也。」

（八）師示眾云：「王師老要賣身，阿誰要買？」一僧出云：「某甲買。」師云：「他不作貴價，不作賤價，汝作麼生買？」僧無對。

（九）師與歸宗、麻谷，同去參禮南陽國師，師先於路上畫一圓相云：「道得，即去。」歸宗便於圓相中坐，麻谷作女人拜。師云：「恁麼，即不去也。」歸宗云：「是什麼心行？」師乃相喚迴，不去禮國師。

（一〇）僧辭問云：「學人到諸方，有人問和尚近日作麼生，未審如何祇對？」師云：「但向道，近日解相撲。」僧云：「作麼生？」師云：「一拍雙泯。」

（一一）師將順世，第一座問：「和尚百年後，向什麼處去？」師云：「山下作一頭水牯牛去。」僧云：「某甲隨和尚去，還得也無？」師云：「汝若隨我，即須啣取一莖草來。」（以上錄自《景德傳燈錄》卷八，《大正藏》五十一．二五七頁中—二五九頁中）

龐蘊居士（西元？—八〇八年）

曹溪惠能——南嶽懷讓——馬祖道一——龐蘊居士

襄州居士龐蘊，字道玄，衡州衡陽縣人也。世本儒業，少悟塵勞，志求真諦。唐貞元（西元七八五—八〇四年）初，謁石頭禪師，乃問：「不與萬法為侶者是甚麼人？」頭以手掩其口，豁然有省。

一日石頭問曰：「子見老僧以來，日用事作麼生？」士曰：「若問日用事，即無開口處。」頭曰：「知子恁麼方始問子。」士乃呈偈曰：

「日用事無別，唯吾自偶諧；
頭頭非取捨，處處沒張乖。
朱紫誰為號，丘山絕點埃；
神通并妙用，運水與搬柴。」

頭然之曰：「子以緇耶素耶？」士曰：「願從所慕。」遂不剃染。

居士後之江西，參馬祖大師。問曰：「不與萬法為侶者是甚麼人？」祖曰：「待汝一口吸盡西江水，即向汝道。」士於言下頓領玄旨。遂呈偈，有「心空及第」之句。乃留駐，參承二載。有偈曰：

「有男不婚，有女不嫁，
大家團圞頭，共說無生話。」

士一日又問祖曰：「不昧本來人，請師高著眼。」祖直下覷，士曰：「一等沒絃琹，惟師彈得妙。」祖直上覷，士禮拜，祖歸方丈。士隨後曰：「適來弄巧成拙。」

士一日又問祖曰：「如水無筋骨，能勝萬斛舟。此理如何？」祖曰：「這裡無水亦無舟，說什麼筋骨。」（中略）

居士一日在茅廬裡坐，驀忽云：「難難難！十碩油麻樹上攤。」龐婆云：「易易易！如下眠床腳踏地。」靈照云：「也不難也不易！百草頭上祖師意。」

元和（西元八〇六—八二〇年）中，居士北遊襄漢，隨處而居。有女靈照，常鬻竹漉籬以供朝夕。士有偈曰：

「心如境亦如，無實亦無虛；
有亦不管，無亦不拘。
不是賢聖，了事凡夫易復易。
即此五蘊有真智，十方世界一乘同；
無相法身豈有二？若捨煩惱入菩提。
不知何方有佛地，護生須是殺；
殺盡始安居，會得箇中意，鐵船水上浮。」（中略）

居士因賣漉籬，下橋喫撲，靈照見，亦去爺邊倒。士曰：「汝作什麼？」照曰：「見爺倒地，某甲相扶。」

居士將入滅，謂靈照曰：「視日早晚，及午以報。」照遽報：「日已中矣，而有蝕也。」士出戶觀次，照即登父座，合掌坐亡。士笑曰：「我女鋒捷矣。」于是更延七日。

州牧于頔問疾，士謂之曰：「但願空諸所有，慎勿實諸所無；好住世間，皆如影響。」言訖枕于公膝而化。遺命焚棄江。（下略）（以上錄自《龐居士語錄》卷上，《卍續藏》一二〇・五十五頁上—六十一頁下）

附錄：余有一大衣

余有一大衣，非是世間絹，眾色染不著，晶晶如素練。裁時不用刀，縫時不用線，常持不離身，有人自不見。三千世界遮寒暑，無情有情悉覆遍；如能持得此大衣，披了直入空王殿。思思低思思，自嘆一雙眉；向他勝地坐，萬事總不知。六識若似眉，即得不思議；六識若嫌眉，論時沒腦癡。伊若去卻眉，即被世人欺；饒你六識嘍囉漢，成乞索兒。（以上錄自《龐居士語錄》卷下，《卍續藏》一二〇．八十頁上—下）

馬祖門下其餘選例十二則

一、撫州石鞏慧藏禪師（西元六六二？—七五七？年）

本以弋獵為務，惡見沙門，因逐群鹿，從馬祖庵前過，祖乃逆之，藏問：「和尚見鹿過否？」祖曰：「汝是何人？」曰：「獵者。」祖曰：「汝解射否？」曰：「解射。」祖曰：「汝一箭射幾箇？」曰：「一箭射一箇。」祖曰：「汝不解射。」曰：「和尚解射否？」祖曰：「解射。」曰：「和尚一箭射幾箇？」祖曰：「一箭射一群。」曰：「彼此是命，何用射他一群？」祖曰：「汝既知如是，何不自射？」曰：「若教某甲自射，即無下手處。」祖曰：「遮漢曠劫無明煩惱，今日頓息。」藏當時毀棄弓箭，自以刀截髮，投祖出家。

一日，在廚中作務次，祖問曰：「作什麼？」曰：「牧牛。」祖曰：「作麼生牧？」曰：「一迴入草去，便把鼻孔拽來。」祖曰：「子真牧牛。」師便休。

師住後，常以弓箭接機。（下略）（以上錄自《景德傳燈錄》卷六，《大正藏》五十一．二四八頁中）

二、虔州西堂智藏禪師（西元七三五—八一四年）

姓廖氏，八歲從師，二十五具戒，（中略）往佛跡巖參禮大寂（馬祖），與百丈（懷）海禪師同為入室，皆承印記。

一日，大寂遣師詣長安，奉書于忠國師，國師問曰：「汝師說什麼法？」師從東過西而立，國師曰：「只這箇，更別有？」師卻過東邊立。國師曰：「這箇是馬師底，仁者作麼生？」師曰：「早箇呈似和尚了。」（中略）

僧問馬祖：「請和尚離四句絕百非，直指某甲西來意。」祖云：「我今日無心情，汝去問取智藏。」其僧乃來問師，師云：「汝何不問和尚？」僧云：「和尚令某甲來問上坐。」師以手摩頭云：「今日頭疼，汝去問海師兄。」其僧又去問海（百丈和尚），海云：「我到這裡卻不會。」僧乃舉似馬祖，祖云：「藏頭白，海頭黑。」（中略）

師住西堂，後有一俗士問：「有天堂地獄否？」師曰：「有。」曰：「有佛、法、僧寶否？」師曰：「有。」更有多問，盡答言有。曰：「和尚恁麼道，莫錯否？」師曰：「汝曾見尊宿來耶？」曰：「某甲曾參徑山和尚來。」師曰：「徑山向汝作麼生道？」曰：「他道一切總無。」師曰：「汝有妻否？」曰：「有。」師曰：「徑山和尚有妻否？」曰：「無。」師曰：「徑山和尚道無即得。」（下略）（以上錄自《景德傳燈錄》卷七，《大正藏》五十一．二五二頁上—中）

三、蒲州麻谷山寶徹禪師（生卒年不詳）

一日，隨馬祖行次，問：「如何是大涅槃？」祖云：「急。」師云：「急箇什麼？」祖云：「看水。」

師與丹霞遊山次，見水中魚，以手指之。丹霞云：「天然、天然（丹霞之名）。」師至來日，又問丹霞：「昨日意作麼生？」丹霞乃放身作臥勢。師云：「蒼天。」（中略）

有僧問云：「十二分教，某甲不疑。如何是祖師西來意？」師乃起立，以杖繞身一轉，翹一足云：「會麼？」僧無對，師打之。

耽源問：「十二面觀音，是凡是聖？」師云：「是聖。」耽源乃打師一摑。

師云：「知汝不到這箇境界。」（以上錄自《景德傳燈錄》卷七，《大正藏》五十一．二五三頁下—二五四頁上）

四、杭州鹽官鎮國海昌院齊安禪師（西元七四五？—七五三？—八四三年）

海門郡人也，姓李氏。（中略）後聞大寂行化於龔公山，乃振錫而造焉。師有奇相，大寂一見，深器異之，乃命入室，密示正法。

僧問：「如何是本身盧舍那佛？」師云：「與我將那箇銅缾來。」僧即取淨缾來。師云：「卻送本處安置。」其僧送缾本處了，卻來再徵前語。師云：「古佛也，過去久矣。」

有講僧來參，師問云：「坐主蘊何事業？」對云：「講《華嚴經》。」師云：「有幾種法界？」對云：「廣說則重重無盡，略說有四種法界。」師豎起拂子云：「這箇是第幾種法界？」坐主沉吟，徐思其對。師云：「思而知，慮而解，是鬼家活計，日下孤燈，果然失照。」（中略）

僧問大梅：「如何是西來意？」大梅云：「西來無意。」師聞乃云：「一箇棺材，兩箇死屍。」（中略）

師一日謂眾曰：「虛空為鼓，須彌為椎，甚麼人打得？」眾無對。（下略）（以上錄自《景德傳燈錄》卷七，《大正藏》五十一．二五四頁上。另可參閱《宋高僧傳》卷十一，《大正藏》五十．七七六頁中—下「齊安傳」）

五、明州大梅山法常禪師（西元七五二—八三九年）

襄陽人也，姓鄭氏。（中略）初參大寂，問：「如何是佛？」大寂云：「即心是佛。」師即大悟。（中略）

大寂聞師住山，乃令一僧到問云：「和尚見馬師，得箇什麼，便住此山？」師云：「馬師向我道：『即心是佛』。我便向這裡住。」僧云：「馬師近日佛法又別。」師云：「作麼生別？」僧云：「近日又道：『非心非佛』。」師云：「這老漢惑亂人，未有了日。任汝非心非佛，我只管即心即佛。」其僧迴舉似馬祖，祖云：「大眾，梅子熟也。」（中略）

僧問：「如何是佛法大意？」師云：「蒲華、柳絮，竹鍼、麻線。」（下略）（以上錄自《景德傳燈錄》卷七，《大正藏》五十一．二五四頁下。另可參閱《宋高僧傳》卷十一，《大正藏》五十．七七六頁上—中「法常傳」）

六、京兆興善寺惟寬禪師（西元七五五—八一七年）

衢州信安人也，姓祝氏。（中略）初習毘尼，修止觀，後參大寂，乃得心要。（中略）

僧問：「如何是道？」師云：「大好山。」僧云：「學人問道，師何言好山？」師云：「汝只識好山，何曾達道。」

問：「狗子還有佛性否？」師云：「有。」僧云：「和尚還有否？」師云：「我無。」僧云：「一切眾生皆有佛性，和尚因何獨無？」師云：「我非一切眾生。」僧云：「既非眾生，是佛否？」師云：「不是佛。」僧云：「究竟是何物？」師云：「亦不是物。」僧云：「可見可思否？」師云：「思之不及，議之不得，故云不可思議。」（下略）（以上錄自《景德傳燈錄》卷七，《大正藏》五十一．二五五頁上。另可參閱《宋高僧傳》卷十，《大正藏》五十．七六八頁上—中「惟寬傳」）

七、湖南東寺如會禪師（西元七四四—八二三年）

始興曲江人也。初謁徑山，後參大寂。（中略）自大寂去世，師常患門徒以

「即心即佛」之譚，誦憶不已，且謂：佛於何住而曰即心，心如畫師而云即佛。遂示眾曰：「心不是佛，智不是道。劍去遠矣，爾方刻舟。」（下略）（以上錄自《景德傳燈錄》卷七，《大正藏》五十一．二五五頁中。另可參閱《宋高僧傳》卷十一，《大正藏》五十．七七三頁中「如會傳」）

八、廬山歸宗寺智常禪師（西元七五七—八二一年）

僧問：「如何是玄旨？」師云：「無人能會。」僧云：「向者如何？」師云：「有向即乖。」僧云：「不向者如何？」師云：「誰求玄旨？」又云：「去無汝用心處。」僧云：「豈無方便門，令學人得入？」師云：「觀音妙智力，能救世間苦。」僧云：「如何是觀音妙智力？」師敲鼎蓋三下云：「子還聞否？」僧云：「聞。」師云：「我何不聞？」僧無語。師以棒趁下。（中略）

師入園取菜次，師畫圓相，圍卻一株，語眾云：「輒不得動著這箇。」眾不敢動。少頃，師復來，見菜猶在，便以棒趁眾僧云：「這一隊漢，無一箇有智慧底。」

師問新到僧：「甚麼處來？」師云：「鳳翔來。」師云：「還將得那箇來否？」僧云：「將得來。」師云：「在什麼處？」僧以手從頂擎捧呈之，師即舉手作接勢，拋向背後。僧無語。師云：「這野狐兒。」

師剗草次，有講僧來參，忽有一蛇過，師以鋤斷之，僧云：「久響歸宗，原來是箇麤行沙門。」師云：「坐主歸茶堂內喫茶去。」

雲巖來參，師作挽弓勢，巖良久，作拔劍勢。師云：「來太遲生。」（中略）

江州刺史李渤問師曰：「教中所言須彌納芥子，渤即不疑，芥子納須彌，莫是妄譚否？」師曰：「人傳使君讀萬卷書籍，還是否？」李曰：「然。」師曰：「摩頂至踵如椰子大，萬卷書向何處著？」李俛首而已。（下略）（以上錄自《景德傳燈錄》卷七，《大正藏》五十一．二五五頁下－二五六頁中）

九、五台山隱峰禪師（西元七〇七？－八二〇？年）

福建邵武人也，姓鄧氏（時稱鄧隱峰），幼若不慧，父母聽其出家。初遊馬祖之門，而未能覩奧。復來往石頭，雖兩番不捷。而後於馬大師言下契會。

師在石頭時，問云：「如何得合道去？」石頭云：「我亦不合道。」師云：

「畢竟如何？」石頭云：「汝被這箇得多少時耶？」

一日，石頭和尚剗草次，師在左側叉手而立，石頭飛剗子，向師面前剗一株草，師云：「和尚只剗得這箇，不剗得那箇。」石頭提起剗子，師接得剗子，乃作剗勢。石頭云：「汝只剗得那箇，不解剗得這箇。」師無對。

師一日，推土車次，馬大師展腳在路上坐。師云：「請師收足。」大師云：「已展不收。」師云：「已進不退。」乃推車碾過，大師腳損，歸法堂，執斧子云：「適來碾損老僧腳底出來。」師便出，於大師前引頸。大師乃置斧。

師到南泉，覩眾僧參次，南泉指淨缾云：「銅缾是境，缾中有水，不得動著境，與老僧將水來。」師便拈淨缾，向南泉面前瀉。南泉便休。

師後到溈山，於上座頭，解放衣缽，溈山聞師叔到，先具威儀下堂內，師見來，便倒作睡勢，溈山便歸方丈，師乃發去。少間溈山問侍者：「師叔在否？」對云：「已去也。」溈山云：「去時有甚麼言語？」對云：「無言語。」溈山云：「莫道無言語，其聲如雷。」（中略）

唐元和（西元八〇六─八二〇年）中，荐登五台，路出淮西，屬吳元濟阻兵，違拒王命，官軍與賊交鋒未決勝負。師曰：「吾當去解其患。」乃擲錫空中，飛身而過。兩軍將士仰觀，事符預夢，鬥心頓息。師既顯神異，慮成惑眾，遂入五台，於金剛窟前將示滅。（下略）（以上錄自《景德傳燈錄》卷八，《大正藏》五十一．二五九頁中—下）

一〇、古寺和尚（生卒年不詳）

丹霞參師，經宿至明，旦煮粥熟，行者只盛一缽與師，又盛一碗自喫，殊不顧丹霞。丹霞即自盛粥喫。行者云：「五更侵早起，更有夜行人。」丹霞問師：「何不教訓行者，得恁麼無禮？」師云：「淨地上不要點汚人家男女。」丹霞云：「幾不問過這老漢。」（以上錄自《景德傳燈錄》卷八，《大正藏》五十一．二六二頁上）

一一、洪州水老和尚（生卒年不詳）

初問馬祖：「如何是西來的的意？」祖乃當胸蹋倒，師大悟。起來撫掌，呵呵大笑云：「大奇，百千三昧，無量妙義，只向一毛頭上，便識得根源去。」便禮拜而退。

師住後，告眾云：「自從一喫馬師蹋，直至如今笑不休。」

有僧作一圓相，以手撮向師身上，師乃三撥，亦作一圓相，卻指其僧，僧便禮拜。師打云：「遮虛頭漢。」（下略）（以上錄自《景德傳燈錄》卷八，《大正藏》五十一．二六二頁下）

一二、潭州龍山和尚（生卒年不詳）

洞山价和尚行腳時，迷路到山，因參禮次。師問：「此山無路，闍梨向甚麼處來？」洞山云：「無路且置，和尚從何而入？」師云：「我不曾雲水。」洞山云：「和尚住此山多少時邪？」師云：「春秋不涉。」洞山云：「此山先住，和尚先住？」師云：「不知。」洞山云：「為什麼不知？」師云：「我不為人天來。」

洞山卻問：「如何是賓中主？」師云：「長年不出戶。」洞山云：「如何是主中賓？」師云：「青天覆白雲。」洞山云：「賓主相去幾何？」師云：「長江水上波。」洞山云：「賓主相見有何言說？」師云：「清風拂白月。」

洞山又問：「和尚見箇什麼道理，便住此山？」師云：「我見兩箇泥牛鬥入海，直至如今無消息。」（下略）（以上錄自《景德燈傳錄》卷八，《大正藏》五十一．二六三頁上）

第五篇

百丈、南泉及潙山門下

溈山靈祐（西元七七一—八五三年）

曹溪惠能——南嶽懷讓——馬祖道一——百丈懷海——溈山靈祐

潭州溈山靈祐禪師者，福州長谿人也，姓趙氏，年十五辭親出家，依本郡建善寺法常律師剃髮，於杭州龍興寺受戒，究大、小乘經律。（下略）（以上錄自《景德傳燈錄》卷九，《大正藏》五十一．二六四頁中）

祐以椎髻短褐，依本郡法恒律師，執勞每倍於役，冠年剃髮，三年具戒。時有錢塘上士義賓，授其律科，及入天台，遇寒山子於途中，乃謂祐曰：「千山萬水，遇潭即止，獲無價寶，賑卹諸子。」祐順途而念，危坐以思。旋造國清寺，遇異人拾得，申繫前意，信若合符。遂詣泐潭，謁大智（百丈懷海）師，頓了祖意。（下略）（以上錄自《宋高僧傳》卷十一，《大正藏》五十．七七七頁中）

二十三，遊江西，參百丈大智禪師，百丈一見，許之入室，遂居參學之首。

一日侍立，百丈問：「誰？」師曰：「靈祐。」百丈云：「汝撥鑪中有火否？」師撥云：「無火。」百丈躬起深撥得少火，舉以示之云：「此不是火？」師發悟，禮謝，陳其所解。百丈曰：「此乃暫時岐路耳，經云：『欲見佛性，當觀時節因緣。』時節既至，如迷忽悟，如忘忽憶。方省己物，不從他得。故祖師云：『悟了同未悟，無心亦無法。』只是無虛妄凡聖等心，本來心法，元自備足，汝今既爾，善自護持。」（下略）（以上錄自《景德傳燈錄》卷九，《大正藏》五十一．二六四頁中）

次日，同百丈入山作務，百丈云：「將得火來麼？」師云：「將得來。」百丈云：「在甚處？」師乃拈一枝柴，吹兩吹，度與百丈。百丈云：「如蟲禦木。」

時，師作典座。（中略）

一日，司馬（頭陀）自湖南來，謂百丈云：「頃在湖南尋得一山，名大溈，是一千五百人善知識所居之處。」

百丈云：「老僧住得否？」司馬云：「非和尚所居。」百丈云：「何也？」司馬云：「和尚是骨人，彼是肉山，設居，徒不盈千。」百丈云：「吾眾中莫有人住得否？」司馬云：「待歷觀之。」

時，華林覺為第一座，百丈令侍者請至，問云：「此人如何？」司馬請謦欬一聲，行數步，司馬云：「不可。」

百丈又令喚師，師時為典座，司馬一見，乃云：「此正是溈山主人也。」百丈是夜，召師入室，囑云：「吾化緣在此，溈山勝境，汝當居之，嗣續吾宗，廣度後學。」

華林聞之云：「某甲忝居上首，典座何得住持？」百丈云：「若能對眾下得一語出格，當與住持。」即指淨瓶問云：「不得喚作淨瓶，汝喚作什麼？」華林云：「不可喚作木楔也。」百丈乃問師，師踢倒淨瓶，便出去。百丈笑云：「第一座輸卻山子也。」師遂往焉。

是山峭絕，夐無人煙，猿猱為伍，橡栗充食，經于五七載，絕無來者。師自念言：「我本住持，為利益於人，既絕往還，自善何濟。」即捨庵而欲他往，行至山口，見虵、虎、狼、豹，交橫在路，師云：「汝等諸獸，不用攔吾行路，吾若於此山有緣，汝等各自散去；吾若無緣，汝等不用動，吾從路過，一任汝喫。」言訖，蟲虎四散而去。師乃回庵。未及一載，安上座（同為百丈弟子福州大安禪師，亦名懶安）同數僧，從百丈來，輔佐於師，安云：「某甲與和尚作典座，待僧至五百眾，乃解務。」

自後，山下居民，稍稍知之，率眾共營梵宇。連帥李景讓，奏號同慶寺，相國裴公休，嘗咨玄奧。繇是，天下禪學輻輳焉。有得法上首，仰山寂禪師，故世稱溈仰宗。（以上錄自《溈山靈祐禪師語錄》，《卍續藏》一一九．八五〇頁下—八五一頁上）

師敷揚宗教凡四十餘年，達者不可勝數，入室弟子四十一人。唐大中七年（西元八五三年），正月九日，盥漱敷坐，怡然而寂，壽八十三，臘六十四。（下略）（以上錄自《景德傳燈錄》卷九，《大正藏》五十一．二六五頁下—二六六頁上）

附錄：語錄摘要

（一）無事人

師上堂示眾云：「夫道人之心，質直無偽，無背、無面、無詐妄心行，一切時中，視聽尋常，更無委曲，亦不閉眼塞耳，但情不附物，即得。（中略）譬如秋水澄渟，清淨無為，澹泞無礙，喚他作道人，亦名無事之人。」

（二）悟後修行

有僧問：「頓悟之人，更有修否？」

師云：「若真悟得本，他自知時，修與不修是兩頭語。如今，初心雖從緣得，一念頓悟自理，猶有無始曠劫習氣，未能頓淨，須教渠淨除現業流識，即是修也。不道別有法，教渠修行趣向，從聞入理，聞理深妙，心自圓明，不居惑地，縱有百千妙義，抑揚當時，此乃得坐披衣，自解作活計。以要言之，則實際理地，不受一塵；萬行門中，不捨一法。若也，單刀趣入，則凡聖情盡，體露真常，理事不二，即如如佛。」

（三）潙山僧及水牯牛

師上堂，示眾云：「老僧百年後，向山下作一頭水牯牛，左脅書五字云：潙山僧某甲。此時喚作潙山僧，又是水牯牛；喚作水牯牛，又云潙山僧。喚作什麼即得。」（以上三則錄自《景德傳燈錄》卷九，《大正藏》五十一．二六四頁下—二六五頁下）

（四）百丈大人相

雲巖卻問師：「百丈大人相如何？」師云：「巍巍堂堂，煒煒煌煌，聲前非聲，色後非色，蚊子上鐵牛，無汝下嘴處。」

（五）眼正與行履有別

師問仰山：「《涅槃經》四十卷，多少佛說，多少魔說？」仰山云：「總是魔說。」師云：「以後無人奈子何。」仰山云：「慧寂即一期之事，行履在什麼處？」師云：「只貴子眼正，不說子行履。」

（六）喚執事不喚人

師一日喚院主，院主來，師云：「我喚院主，汝來作什麼？」院主無對。又令侍者喚第一座，第一座來，師云：「我喚第一座，汝來作什麼？」亦無對。

（七）被勘破

石霜（性空禪師）會下有二禪客到云：「此間無一人會禪。」後普請搬柴，仰山見二禪客歇，將一橛柴問云：「還道得麼？」俱無語。仰山云：「莫道無人會禪好。」歸舉似溈山云：「今日二禪客被慧寂勘破。」師云：「什麼處被子勘破？」仰山便舉前話。師云：「寂子又被吾勘破。」（以上四則錄自《景德傳燈錄》卷九，《大正藏》五十一．二六五頁上—下）

（八）用與體

師摘茶次，謂仰山云：「終日摘茶，祇聞子聲，不見子形。」仰山撼茶樹。師云：「子祇得其用，不得其體。」仰山云：「未審和尚如何？」師良久。仰山云：「和尚祇得其體，不得其用。」師云：「放子三十棒。」仰山云：「和尚棒，某甲喫，某甲棒，阿誰喫？」師云：「放子三十棒。」

（九）人人解脱路

仰山、香嚴侍立次，師云：「過去、未來、現在，佛佛道同，人人得箇解脫路。」仰山云：「如何是人人解脫路？」師回顧香嚴云：「寂子借問，何不答伊？」香嚴云：「若道過去、未來、現在，某甲卻有個祗對處。」師云：「子作麼生祗對？」香嚴珍重便出。師卻問仰山云：「智閑恁麼祗對，還契寂子也無？」仰山云：「不契。」師云：「子又作麼生？」仰山亦珍重出去。師呵呵大笑云：「如水乳合。」

（一〇）若有一解即未離心境

師謂仰山云：「汝須獨自回光返照，別人不知汝解處，汝試將實解，獻老僧看。」仰山云：「若教某甲自看，到這裡，無圓位，亦無一物一解，得獻和尚。」師云：「無圓位處，原是汝作解處，未離心境在。」仰山云：「既無圓位，何處有法，把何物作境？」師云：「適來是汝作與麼解，是否？」仰山云：「是。」師云：「若恁麼，是具足心境法，未脫我所心在。元來有解，爭道無解獻我？許汝信位顯，人位隱在。」

（一一）呈語四層次

師一日，索門人呈語，乃云：「聲色外與吾相見。」（中略）

仰山凡三度呈語：

第一云：「見取不見取底。」師云：「細如毫末，冷似雪霜。」

第二度云：「聲色外誰求相見？」師云：「祇滯聲聞方外榻。」

第三度云：「如兩鏡相照，於中無像。」師云：「此語正也。」

仰山卻問：「和尚於百丈師翁處，作麼生呈語？」師云：「我於百丈先師處，呈語云：如百千明鏡鑒像，光影相照，塵塵剎剎，各不相借。」仰山於是禮拜。

（一二）一粥一飯‧不是粥飯僧

師坐次，仰山問：「和尚百年後，有人問先師法道，如何祇對？」師云：「一粥一飯。」仰山云：「面前有人不肯，又作麼生？」師云：「作家師僧。」仰山便禮拜。師云：「逢人不得錯舉。」（中略）

師因陸侍御入僧堂，乃問：「如許多師僧，為復是喫粥飯僧？為復是參禪僧？」師云：「亦不是喫粥飯僧，亦不是參禪僧。」侍御云：「在此作甚麼？」師云：「侍御自問他看。」

（一三）法住自位・非干我事

仰山問：「百千萬境一時來，作麼生？」師云：「青不是黃，長不是短。諸法各住自位，非干我事。」仰山乃作禮。（以上六則錄自《溈山靈祐禪師語錄》，《卍續藏》一一九・八五二頁下—八五八頁下）

黃檗希運（西元？—八五〇年）

曹溪惠能——南嶽懷讓——馬祖道一——百丈懷海——黃檗希運

洪州黃檗希運禪師，閩人也，幼於本州黃檗山出家。額間隆起如肉珠，音辭朗潤，志意沖澹。（中略）

師後遊京師，因人啟發，乃往參百丈，問曰：「從上宗乘，如何指示？」百丈良久，師云：「不可教後人斷絕去也。」百丈云：「將謂汝是箇人。」乃起入方丈。師隨後入云：「某甲特來。」百丈云：「若爾，則他後不得孤負吾。」

百丈一日問師：「什麼處去來？」曰：「大雄山下采菌子來。」百丈曰：「還見大蟲麼？」師便作虎聲。百丈拈斧，作斫勢，師即打百丈一摑。百丈吟吟大笑，便歸上堂，謂眾曰：「大雄山下，有一大蟲，汝等諸人，也須好看，百丈老漢，今日親遭一口。」

師在南泉時，普請擇菜。南泉問：「什麼處去？」曰：「擇菜去。」南泉曰：「將什麼擇？」師舉起刀子。南泉曰：「大家擇菜去。」

一日，南泉謂師曰：「老僧偶述牧牛歌，請長老和。」師云：「某甲自有師在。」師辭南泉，門送提起師笠子云：「長老身材勿量大，笠子太小生。」師云：「雖然如此，大千世界總在裡許。」南泉云：「王老師聻。」師便戴笠子而去。

後居洪州大安寺，海眾奔湊，裴相國休，鎮宛陵，建大禪苑，請師說法。以師酷愛舊山，還以黃檗名之。（下略）（以上錄自《景德傳燈錄》卷九，《大正藏》五十一．二六六頁上）

有大禪師號希運，住洪州高安縣黃檗山鷲峰下，乃曹溪六祖之嫡孫，百丈之子，西堂之姪。獨佩最上乘，離文字之印，唯傳一心，更無別法。（中略）說之者，不立義解，不立宗主，不開戶牖。直下便是，動念則乖，然後為本佛。故其言簡、其理直、其道峻、其行孤。四方學徒，望山而趨，覩相而悟，往來海眾，常千餘人。予會昌二年（西元八四二年），廉于鍾陵（在洪州），自山迎至州，憩龍興寺，旦夕問道。大中二年（西元八四八年），廉于宛陵（在宣州），復禮迎至所部，寓開元寺，旦夕受法，退而紀之，十得一二，佩為心印，不敢發揚。（中略）時大唐大中十一年（西元八五七年）十月八日謹記。（以上錄自《景德傳燈錄》卷九之末，《大正藏》五十一．二七〇頁中，裴休撰〈黃檗希運禪師傳心法要〉）

附錄：語錄摘要

（一）大唐國裡無禪師

一日上堂，大眾雲集，乃曰：「汝等諸人，欲何所求？」因以棒趁散云：「盡是喫酒糟漢！恁麼行腳，取笑於人。但見八百一千人處便去。不可只圖熱鬧也。老漢行腳時，或遇草根下有一箇漢，便從頂上一錐，看他若知痛癢，可以布袋盛米供養。可中總似汝，如此容易，何處更有今日事也。」

「汝等既稱行腳，亦須著些精神好。還知道，大唐國內無禪師麼？」

時有一僧出問云：「諸方尊宿，盡聚眾開化，為什麼道『無禪師』？」師云：「不道無禪，只道無師。闍梨不見：馬大師下，有八十四人坐道場，得馬師正眼者，止三兩人。廬山（歸宗寺智常）和尚，是其一人。夫出家人，須知有從上來事分。」

「且如四祖下，牛頭融大師，橫說豎說，猶未知向上關棙子。有此眼腦，方辨得邪正宗黨。且當人事宜，不能體會得，但知學言語。念向皮袋裡安著，到處稱我會禪。還替得汝生死麼？」

「輕忽老宿，入地獄如箭。我才見入門來，便識得汝了也。還知麼？」（下略）（以上錄自《景德傳燈錄》卷九，《大正藏》五十一．二六六頁中—下）

（二）無心．忘心．空心

供養十方諸佛，不如供養一無心人不可得。無心者，無一切心也。如如之體，內外如木石，不動不轉。內外如虛空，不塞不礙，無能無所，無方所，無相貌，無得失。趣者不敢入，此法恐落空，無棲泊處，故望涯而退。（中略）

凡夫取境，道人取心；心境雙忘，乃是真法。忘境猶易，忘心至難。人不敢忘心，是恐落空，無撈摸處。不知空本無空，唯一真界耳。（中略）

凡人皆逐境生心，心隨欣厭。若欲無境，當忘其心；心忘則境空，境空則心滅。不忘心而除境，境不可除，只益紛擾耳。故萬法唯心，心亦不可得，復何求哉？（中略）

凡人欲修證，但觀五蘊皆空，四大無我，真心無相，不去不來。生時性亦不來，死時性亦不去，湛然圓寂，心境一如。但能如此，直下頓了。不為三世所拘繫，便出世人也。（中略）

凡人多不肯空心，恐落空。不知自心本空。愚人除事不除心，智者除心不除事。（下略）（以上錄自《景德傳燈錄》卷九附錄〈黃檗希運禪師傳心法要〉，《大正藏》五十一．二七〇頁下—二七二頁下）

你如今一切時中，行住坐臥，但學無心，久久須實得。為你力量小，不能頓超，但得三年、五年或十年，須得箇入頭處，自然會去。（下略）（以上錄自《黃檗禪師傳心法要》，《卍續藏》一一九．八三一頁上）

（三）心如日輪在虛空

如今末法，向去多是學禪道者，皆著一切聲色，何不與我心心同虛空去、如枯木石頭去、如寒灰死火去，方有少分相應。（中略）你但離卻有無諸法，心如日輪，常在虛空，光明自然，不照而照。不是省力底事？到此之時，無棲泊處，即是行諸佛行，便是應無所住而生其心。（中略）若不會此意，縱你學得多知，勤苦修行，草衣木食，不識自心，盡名邪行，定作天魔眷屬。（下略）（以上錄自《黃檗禪師傳心法要》，《卍續藏》一一九．八三一頁上）

（四）歸宗一味禪

有僧辭歸宗，宗云：「往甚處去？」云：「諸方學五味禪去。」宗云：「諸方有五味禪，我這裡祇是一味禪。」云：「如何是一味禪？」宗便打，僧云：「會也！會也。」宗云：「道！道！」僧擬開口，宗又打。其僧後到師處，師問：「甚麼處來？」云：「歸宗來。」師云：「歸宗有何言句？」僧遂舉前話，師乃上堂舉此因緣云：「馬大師出八十四人善知識，問著箇箇屙漉漉地，祇有歸宗較些子。」

（五）禮佛無所求

師在鹽官（齊安禪師）會裡，大中帝（唐宣宗）為沙彌，師於佛殿上禮佛，沙彌云：「不著佛求，不著法求，不著眾求，長老禮拜，當何所求？」師云：「不著佛求，不著法求，不著眾求，常禮如是事。」沙彌云：「用禮何為？」師便掌。

沙彌云：「太麤生！」師云：「這裡是什麼所在，說麤說細。」隨後又掌。沙彌便走。

(六)不落階級

問：「如何得不落階級？」師云：「終日喫飯，未曾咬著一粒米；終日行，未曾踏著一片地。與麼時，無人我等相。終日不離一切事，不被諸境惑，方名自在人。念念不見一切相。莫認前後三際，前際無去，今際無住，後際無來。安然端坐，任運不拘，方名解脫。努力努力，此門中千人萬人，祇得三箇五箇。若不將為事，受殃有日在。故云：著力今生須了卻，誰能累劫受餘殃。」(以上三則錄自《黃檗禪師宛陵錄》，《卍續藏》一一九．八三八頁上—八四六頁下)

百丈門下其餘選例二則

一、福州大安禪師（西元？—八八三年）

本（福）州人也，姓陳氏。幼於黃檗山受業，聽習律乘。嘗自念言：「我雖勤苦，而未聞玄極之理。」乃孤錫遊方。將往洪州，路出上元，逢一老父，謂師曰：「師往南昌，當有所得。」

師即造于百丈，禮而問曰：「學人欲求識佛，何者即是？」百丈曰：「大似騎牛覓牛。」師曰：「識後如何？」百丈曰：「如人騎牛至家。」師曰：「未審始終，如何保任？」百丈曰：「如牧牛人，執杖視之，不令犯人苗稼。」師自茲領旨，更不馳求。

同參祐禪師創居溈山也，師躬耕助道，及祐禪師歸寂，眾請接踵住持。

師上堂云：「汝諸人，總來就安，求覓什麼？若欲作佛，汝自是佛，而卻傍

家走，忽忽如渴鹿趁陽焰，何時得相應去？」（中略）

「安在溈山，三十年來，喫溈山飯，屙溈山屎，不學溈山禪。只看一頭水牯牛，若落路入草，便牽出；若犯人苗稼，即鞭撻調伏。既久，可憐生，受人言語。如今變作箇露地白牛，常在面前，終日露迥迥地，趁亦不去也。」（下略）（以上錄自《景德傳燈錄》卷九，《大正藏》五十一．二六七頁中—下）

二、福州古靈神贊禪師（生卒年不詳）

本州大中寺受業後，行腳遇百丈開悟。卻迴本寺。受業師問曰：「汝離吾在外，得何事業？」曰：「並無事業。」遂遣執役。一日，因澡身，命師去垢。師乃拊背曰：「好所佛殿，而佛不聖！」其師迴首視之。師曰：「佛雖不聖，且能放光。」

其師又一日在窗下看經，蜂子投窗紙求出，師覩之曰：「世界如許廣闊不肯出，鑽他故紙，驢年去得。」其師置經問曰：「汝行腳，遇何人？吾前後見汝，發言異常。」師曰：「某甲蒙百丈和尚指箇歇處，今欲報慈德耳。」

其師於是告眾致齋，請師說法。師登座舉唱百丈門風。乃曰：「靈光獨耀迥脫根塵，體露真常不拘文字；心性無染本自圓成，但離妄緣即如如佛。」

其師於言下感悟曰：「何期垂老，得聞極則事。」（下略）（以上錄自《景德傳燈錄》卷九，《大正藏》五十一．二六八頁上）

趙州從諗（西元七七八—八九七年）

曹溪惠能——南嶽懷讓——馬祖道一——南泉普願——趙州從諗

釋從諗，青州臨淄人也，童稚之歲，孤介弗群。越二親之羈絆，超然離俗，乃投本州龍興伽藍，從師剪落，尋往嵩山琉璃壇納戒。師勉之聽習於經律，但染指而已。聞池陽願禪師，道化翕如。（下略）（以上錄自《宋高僧傳》卷十一，《大正藏》五十．七七五頁下）

（未具戒時）便抵池陽，參南泉，值南泉偃息，而問曰：「近離什麼處？」師曰：「近離瑞像院。」曰：「還見瑞像麼？」師曰：「不見瑞像，只見臥如來。」曰：「汝是有主沙彌無主沙彌？」師曰：「有主沙彌。」曰：「主在什麼處？」師曰：「仲冬嚴寒，伏惟和尚尊體萬福。」

南泉器之，而許入室。

異日問南泉：「如何是道？」南泉曰：「平常心是道。」師曰：「還可趣向否？」南泉曰：「擬向即乖。」師曰：「不擬時如何知是道？」南泉曰：「道不屬知不知；知是妄覺，不知是無記。若是真達不疑之道，猶如太虛，廓然虛豁，豈可強是非耶？」

師言下悟理，乃往嵩嶽瑠璃壇納戒。卻返南泉。

異日，問南泉：「知有底人，向什麼處休歇？」南泉云：「山下作牛去。」師云：「謝指示。」南泉云：「昨夜三更月到窓。」

師作火頭，一日，閉卻門，燒滿屋煙，叫云：「救火！救火！」時大眾俱到，師云：「道得即開門。」眾皆無對。南泉將鎖匙於窓間過與師，師便開門。

又到黃檗，黃檗見來，便閉方丈門，師乃把火於法堂內，叫云：「救火！救火！」黃檗開門，捉住云：「道道！」師云：「賊過後張弓。」

又到寶壽，寶壽見來，即於禪床上背面坐。師展坐具禮拜，寶壽下禪床，師便出。

又到鹽官，云：「看箭。」鹽官云：「過也。」師云：「中也。」

又到夾山，將拄杖入法堂，夾山曰：「作什麼？」曰：「探水。」夾山曰：

「一滴也無，探什麼？」師倚杖而出。（中略）

師自此，道化被於北地，眾請住趙州觀音。（中略）

師之玄言，布於天下，時謂趙州門風，皆悚然信伏矣。唐乾寧四年（西元八九七年）十一月二日，右脇而寂，壽一百二十，後謚真際大師。（以上錄自《景德傳燈錄》卷十，《大正藏》五十一．二七六頁下—二七八頁中）

附錄：語錄摘要

（一）一枝草

上堂示眾云：「如明珠在掌，胡來胡現，漢來漢現。老僧把一枝草為丈六金身用，把丈六金身為一枝草用。佛是煩惱，煩惱是佛。」時有僧問：「未審佛是誰家煩惱？」師云：「與一切人煩惱。」僧云：「如何免得？」師云：「用免作麼？」

（二）老僧好殺

又有人，與師遊園，見兔子驚走。問云：「和尚是大善知識，為什麼兔子見驚？」師云：「為老僧好殺。」

（三）勘破婆子

有僧遊五台，問一婆子云：「台山路向什麼處去？」婆子云：「驀直恁麼去。」僧便去，婆子云：「又恁麼去也。」其僧舉似師。師云：「待我去勘破遮婆子。」師至明日，便去問：「台山路向什麼處去？」婆子云：「驀直恁麼去。」師便去。婆子云：「又恁麼去也。」師歸院謂僧云：「我為汝勘破遮婆子了也。」

（四）肖像

有僧寫得師真呈師，師曰：「且道似我不似我，若似我即打殺老僧，不似我即燒卻真。」僧無對。

（五）**佛法盡在南方**

新到僧參，師問：「什麼處來？」僧云：「南方來。」師云：「佛法盡在南方，汝來遮裡作甚麼？」僧云：「佛法豈有南北耶？」師云：「饒汝從雪峰雲居來，只是箇擔板漢。」

（六）**喫粥洗鉢**

僧問：「學人迷昧，乞師指示。」師云：「喫粥也未？」僧云：「喫粥也。」師云：「洗鉢去。」其僧忽然省悟。

（七）**布衫重七斤**

僧問：「萬法歸一，一歸何所？」師云：「老僧在青州，作得一領布衫重七斤。」（以上七則錄自《景德傳燈錄》卷十，《大正藏》五十一．二七七頁上—二七八頁上）

（八）**真佛內裡坐**

上堂：金佛不度爐，木佛不度火，泥佛不度水，真佛內裡坐。菩提、涅槃，真如、佛性，盡是貼體衣服，亦名煩惱。實際理地，甚麼處著？一心不生，萬法無咎。汝但究理，坐看三二十年，若不會，截取老僧頭去。

夢幻空華，徒勞把捉；心若不異，萬法一如。既不從外得，更拘執作麼？如羊相似，亂拾物安向口裡。

老僧見藥山和尚道，有人問著，但教合取狗口。老僧亦教合取狗口。（中略）僧問：「承師有言，世界壞時，此性不壞，如何是此性？」師曰：「四大五陰。」曰：「此猶是壞底，如何是此性？」師曰：「四大五陰。」

（九）摘楊花

僧辭，師曰：「甚處去？」曰：「諸方學佛法去。」師竪起拂子曰：「有佛處，不得住；無佛處，急走過，三千里外逢人不得錯舉。」曰：「與麼，則不去也。」師曰：「摘楊花，摘楊花。」

（一〇）鎮州大蘿蔔頭

問：「承聞和尚親見南泉，是否？」師曰：「鎮州出大蘿蔔頭。」

（一一）如此接人

問：「恁麼來底人師還接否？」師曰：「接。」曰：「不恁麼來底師還接否？」師曰：「接。」曰：「恁麼來者從師接，不恁麼來者如何接？」師曰：「止止不須說，我法妙難思。」

（一二）轉經半藏

有一婆子令人送錢，請轉藏經，師受施利了，卻下禪床轉一匝，乃曰：「傳語婆，轉藏經已竟。」其人回舉似婆，婆曰：「比來請轉全藏，如何衹為轉半藏？」

（一三）庭前栢樹子

問：「如何是祖師西來意？」師曰：「庭前栢樹子。」曰：「和尚莫將境示人。」師曰：「我不將境示人。」曰：「如何是祖師西來意？」師曰：「庭前栢樹子。」

（一四）佛是殿裡底

問：「如何是佛？」師曰：「殿裡底。」曰：「殿裡者，豈不是泥龕塑像？」師曰：「是。」曰：「如何是佛？」師曰：「殿裡底。」

（一五）狗子無佛性

問：「狗子還有佛性也無？」師曰：「無。」曰：「上至諸佛，下至螻蟻，皆有佛性，狗子為甚麼卻無？」師曰：「為伊有業識在。」

（一六）婆偷趙州筍

師問一婆子：「甚麼處去？」曰：「偷趙州筍去。」師曰：「忽遇趙州又作麼生？」婆便與一掌。師休去。

（一七）喫茶去

師問新到：「曾到此間麼？」曰：「曾到。」師曰：「喫茶去。」又問僧，僧曰：「不曾到。」師曰：「喫茶去。」後院主問曰：「為甚麼曾到也云喫茶去，不曾到也云喫茶去？」師召院主，主應「喏！」師曰：「喫茶去。」

（一八）三等接人法

真定帥王公，攜諸子入院，師坐而問曰：「大王會麼？」王曰：「不會。」師曰：「自小持齋身已老，見人無力下禪牀。」王尤加禮重。

翌日，令客將傳語，師下禪牀受之。侍者曰：「和尚見大王來不下禪牀，今日軍將來為甚麼卻下禪牀？」師曰：「非汝所知。第一等人來，禪牀上接；中等人來，下禪牀接；末等人來，三門外接。」

（一九）看一字經

問僧：「一日看多少經？」曰：「或七八或十卷。」師曰：「闍黎不會看經。」曰：「和尚一日看多少？」師曰：「老僧一日祇看一字。」

（二〇）不雜用心

問：「十二時中如何用心？」師曰：「汝被十二時辰使，老僧使得十二時。」

乃曰：「兄弟莫久立，有事商量，無事向衣鉢下坐，窮理好。老僧行腳時，除二時粥飯，是雜用心處，除外更無別用心處。若不如是，大遠在。」

（一二）栢樹子成佛

問：「栢樹子還有佛性也無？」師曰：「有。」曰：「幾時成佛？」師曰：「待虛空落地時。」曰：「虛空幾時落地？」師曰：「待栢樹子成佛時。」（以上十四則錄自《五燈會元》卷四，《卍續藏》一三八．一二八頁下—一三三頁下）

仰山慧寂（西元八〇七—八八三年）

曹溪惠能——南嶽懷讓——馬祖道一——百丈懷海——溈山靈祐——仰山慧寂

釋慧寂，俗姓葉，韶州須昌（《景德傳燈錄》云懷化）人也。登年十五，懇請出家，父母都不聽允，止。十七再求，堂親猶豫未決，其夜有白光二道，從曹溪發來，直貫其舍，時父母乃悟，是子至誠之所感也。寂乃斷左無名指及小指，器藉跪致堂階曰：「答謝劬勞如此。」父母知其不可留，捨之。

依南華寺通禪師下削染。年及十八，尚為息慈（沙彌），營持道具，行尋知識。先見耽源，數年良有所得。後參大溈山禪師，提誘哀之，棲泊十四五載而足跛，時號跛腳驅烏。（下略）（以上錄自《宋高僧傳》卷十二，《大正藏》五十．七八三頁上—中）

未登具，即游方，初謁耽源（光宅慧忠嗣，耽源山真應禪師），已悟玄旨。（中略）耽源謂師云：「國師當時傳得六代祖師圓相，共九十七箇授與老僧。（中略）

我今付汝，汝當奉持。」遂將其本過與師，師接得一覽，便將火燒卻。耽源一日問：「前來諸相，甚宜秘惜。」師云：「當時看了，便燒卻也。」耽源云：「吾此法門，無人能會，唯先師及諸祖師、諸大聖人，方可委悉，子何得焚之？」師云：「慧寂一覽，已知其意；但用得，不可執本也。」耽源云：「然雖如此，於子即得，後人信之不及。」師云：「和尚若要，重錄不難。」即重集一本呈上，更無遺失。（以上錄自《仰山慧寂禪師語錄》，《卍續藏》一一九．八六〇頁下）

後參溈山，遂陞堂奧。祐問曰：「汝是有主沙彌無主沙彌？」師曰：「有主。」曰：「在什麼處？」師從西過東立。祐知是異人，便垂開示。師問：「如何是真佛住處？」祐曰：「以思無思之妙，返思靈焰之無窮。思盡還源，性相常住，事理不二，真佛如如。」師於言下頓悟。自此執侍。

尋往江陵受戒住夏，探律藏。

後參巖頭（全豁禪師，德山宣鑒之嗣），巖頭舉起拂子，師展坐具；巖（頭）拈拂子置背後，師將坐具搭肩上而出。巖（頭）云：「我不肯汝放，只肯汝收。」（中略）

師在溈山牧牛時，第一座曰：「百億毛頭，百億師子現。」師不答。歸侍立，第一座上問訊，師舉前話問云：「適來道百億毛頭百億師子現，豈不是？」

上座曰：「是。」師曰：「正當現時，毛前現？毛後現？」上座曰：「現時不說前後。」師乃出。祐曰：「師子腰折也。」（中略）

一日雨下，上座曰：「好雨寂闍梨。」師曰：「好在什麼處？」上座無語，師曰：「某甲卻道得。」上座曰：「好在什麼處？」師指雨。（中略）

師盤桓溈山，前後十五載，凡有語句，學眾無不弭伏。暨受溈山密印，領眾住王莽山，化緣未契，遷止仰山，學徒臻萃。（以上錄自《景德傳燈錄》卷十一，《大正藏》五十一．二八二頁中—下）

時，韋冑，就寂請伽陀（偈），乃將紙畫規圓相，圓圍下注云：「思而知之，落第二頭，云不思而知，落第三首。」乃封呈達。自爾，有若干勢，以示學人，謂之仰山門風也。海眾摳衣得道者，不可勝計。往往有神異之者，倏來忽去，人皆不測。（下略）（以上錄自《宋高僧傳》卷十二，《大正藏》五十．七八三頁中）

附錄：語錄摘要

（一）語錄

1.我這裡是雜貨鋪，有人來覓鼠糞，我亦拈與他，來覓真金，我亦拈與他。

2.索喚則有交易，不索喚則無。我若說禪宗，身邊要一人相伴亦無，豈況有五百七百眾耶？我若東說西說，則爭頭向前采拾，如將空拳誑小兒，都無實處。我今分明向汝說，聖邊事，且莫將心湊泊，但向自己性海如實而修。

3.師閉目坐次，有僧潛來身邊立，師開目，於地上作此㊌相，顧視其僧，僧無語。

4.問：「天堂地獄，相去幾何？」師將拄杖，畫地一畫。

5.師臥次，僧問云：「法身還解說法也無？」師云：「我說不得，別有一人說得。」云：「說得底人在甚麼處？」師推出枕子。溈山聞云：「寂子用劍刃上事。」

（二）勘驗之法

師住王莽山，因歸省覲溈山，問：「子既稱善知識，爭辨得諸方來者，知有不知有，有師承無師承，是義學是玄學，子試說看。」

師云：「慧寂有驗處，但見僧來，便竪起拂子問伊：諸方還說這箇不說？」又云：「這箇且置，諸方老宿意作麼生？」溈山歎云：「此是從上宗門中牙爪。」

溈山又問：「大地眾生，業識茫茫，無本可據，子作麼生知他有之與無？」師云：「慧寂有驗處。」時有一僧從面前過，師召云：「闍黎！」僧回首。師云：「和尚，這個便是業識茫茫，無本可據。」溈山云：「此是師子一滴乳，迸散六斛驢乳。」

(三) 不似驢不似佛

南塔光涌禪師，北遊謁臨濟，復歸侍師，師云：「汝來作甚麼？」南塔云：「禮覲和尚。」師云：「還見和尚麼？」南塔云：「見。」師云：「和尚何似驢？」南塔云：「某甲見和尚，亦不似佛。」師云：「若不似佛，似箇甚麼？」南塔云：「若有所似，與驢何別？」師大驚云：「凡聖兩忘，情盡體露。吾以此驗人二十年，無決了者，子保任之。」師每謂人云：「此子肉身佛也。」

（四）有解在心，祇得信位

僧思鄒問：「禪宗頓悟，畢竟入門的意如何？」師云：「此意極難。若是祖宗門下，上根上智，一聞千悟，得大總持。其有根微智劣，若不安禪靜慮，到這裡總須茫然。」云：「除此一路，別更有入處否？」師云：「有。」云：「如何即是？」師云：「汝是甚處人？」云：「幽州人。」師云：「汝還思彼處否？」云：「常思。」師云：「能思者是心，所思者是境。彼處樓台、林苑、人馬、駢闐，汝反思底，還有許多般也無？」云：「某甲到這裡，總不見有。」師云：「汝解猶在心，信位即得，人位未在。」云：「除卻這箇，別更有意也無？」師云：「別有別無，即不堪也。」云：「到這裡，作麼生即是？」師云：「據汝所解，祇得一玄，得坐披衣，向後自看。」鄒禮謝之。（以上四則錄自《仰山慧寂禪師語錄》，《卍續藏》一一九．八六四頁上—八七一頁上）

香嚴智閑

（西元？—八九八年）

曹溪惠能——南嶽懷讓——馬祖道一——百丈懷海——溈山靈祐——香嚴智閑

釋智閑，青州人也。身裁七尺，博聞強記，有幹略，親黨覷其所以，謂之曰：「汝加力學，則他後成佐時之良器也。」俄爾，辭親出俗，既而慕法心堅，至南方禮溈山大圓禪師，盛會咸推閑為俊敏。（下略）（以上錄自《宋高僧傳》卷十三，《大正藏》五十．七八五頁上—中）

祐和尚知其法器，欲激發智光，一日謂之曰：「吾不問汝平生學解及經卷冊子上記得者；汝未出胞胎、未辨東西時，本分事試道一句來，吾要記汝。」師懵然無對，沉吟久之，進數語，陳其所解，祐皆不許。師曰：「卻請和尚為說。」祐曰：「吾說得，是吾之見解，於汝眼目，何有益乎？」

師遂歸堂，遍檢所集諸方語句，無一言可將酬對。乃自歎曰：「畫餅不可充飢。」於是盡焚之曰：「此生不學佛法也，且作箇長行粥飯僧，免役心神。」遂泣辭溈山而去。抵南陽覩忠國師遺跡，遂憩止焉。

一日，因山中芟除草木，以瓦礫擊竹作聲，俄失笑間，廓然惺悟。遽歸，沐浴焚香，遙禮溈山，贊云：「和尚大悲，恩逾父母，當時若為我說卻，何有今日事也。」仍述一偈云：

「一擊忘所知，更不假修治；
動容揚古路，不墮悄然機。
處處無蹤迹，聲色外威儀；
諸方達道者，咸言上上機。」（以上錄自《景德傳燈錄》卷十一，《大正藏》五十一．二八三頁下—二八四頁上）

附錄：語錄摘要

（一）踈山三十年倒屙

僧問：「不慕諸聖，不重己靈時如何？」師曰：「萬機休罷，千聖不攜。」

此時，疎山在眾，作嘔聲曰：「是何言歟？」師問：「阿誰？」眾曰：「師叔。」師曰：「不諾老僧耶？」疎山出曰：「是。」

師曰：「汝莫道得麼？」曰：「道得。」師曰：「汝試道看。」曰：「若教某甲道，須還師資禮始得。」

師乃下坐，禮拜，躡前語問之。

疎山曰：「何不道：肯重不得全。」

師曰：「饒汝恁麼，也須三十年倒屙。設住山，無柴燒；近水，無水喫。分明記取。」

後住疎山，果如師記。至二十七年病愈，自云：「香嚴師兄記我三十年倒屙，今少三年在。」每至食畢，以手抉而吐之，以應前記。

(二) 香嚴上樹

一日謂眾曰：「如人在千尺懸崖，口銜樹枝，腳無所蹋，手無所攀。忽有人問：如何是西來意？若開口答，即喪身失命，若不答，又違他所問。當恁麼時，作麼生？」

時有招上座出曰：「上樹時即不問，未上樹時如何？」師笑而已。

(三) 會即便會

師問僧：「什麼處來？」僧曰：「溈山來。」師曰：「和尚近日有何言句。」僧曰：「人問如何是西來意？和尚豎起拂子。」師聞舉，乃曰：「彼中兄弟，作麼會和尚意旨？」僧曰：「彼中商量道：即色明心，附物顯理。」師曰：「會即便會，不會著什麼死急。」僧卻問：「師意如何？」師還舉拂子。

(四) 語錄

1. 問：「如何是香嚴境？」師曰：「花木不滋。」
2. 問：「如何是聲色外相見一句？」師曰：「如某甲未住香嚴時，道在什麼處？」僧曰：「恁麼時，亦不敢道有所在？」師曰：「如幻人心心所法。」
3. 問：「如何是道？」師曰：「枯木龍吟。」僧曰：「學人不會。」師曰：「髑髏裡眼睛。」(以上錄自《景德傳燈錄》卷十一，《大正藏》五十一．二八四頁上—下)

第六篇

石頭至曹洞的禪師

石頭希遷（西元七〇〇—七九〇年）

青原行思——石頭希遷

南嶽石頭希遷禪師，端州高要陳氏子，母初懷娠，不喜葷茹，師雖在孩提，不煩保母。既冠，然諾自許。（下略）（以上錄自《五燈會元》卷五「希遷」條，《卍續藏》一三八．一六一頁下）

其鄉洞獠民，畏鬼神，多淫祀。率以牛酒，祚作聖望。遷輒往毀叢祠，奪牛而歸，歲盈數十，鄉老不能禁其理焉。

聞大鑒禪師（惠能）南來，學心相踵，遷乃直往大鑒，衎然持其手，且戲之曰：「苟為我弟子，當肖遷。」逌爾而笑曰：「諾。」既而靈機一發，廓若初霽。

自是，上下羅浮，往來三峽間，開元十六年（西元七二八年，師二十九歲）羅浮受具戒。是年歸就山，夢與大鑒同乘一龜，泳於深池，覺而占曰：「龜是靈智也，池是性海也，吾與師，乘靈智遊性海久矣，又何夢邪？」

後聞廬陵清涼山思禪師，為曹溪補處，又攝衣從之。當時思公之門，學者麕至，及遷之來，乃曰：「角雖多，一麟足矣。」（下略）（以上錄自《宋高僧傳》卷九，《大正藏》五十．七六三頁下—七六四頁上）

六祖將示滅，有沙彌希遷問曰：「和尚百年後，希遷未審當依附何人？」祖曰：「尋思去。」及祖順世，遷每於靜處端坐，寂若忘生。第一坐問曰：「汝師已逝，空坐奚為？」遷曰：「我稟遺誡，故尋思爾。」第一坐曰：「汝有師兄，行思和尚，今住吉州，汝因緣在彼，師言甚直，汝自迷耳。」遷聞語便禮辭祖龕，直詣（青原山）靜居。（思）師問曰：「子何方而來？」遷曰：「曹谿。」師曰：「將得什麼來？」曰：「未到曹谿亦不失。」師曰：「恁麼用去曹谿作什麼？」曰：「若不到曹谿，爭知不失。」遷又問曰：「曹谿大師還識和尚否？」師曰：「汝今識吾否？」曰：「識又爭能識得。」師曰：「眾角雖多，一麟足矣。」（中略）

他日，（思）師復問遷：「汝什麼處來？」曰：「曹谿。」師乃舉拂子曰：「曹谿還有這箇麼？」曰：「非但曹谿，西天亦無。」師曰：「子莫曾到西天否？」曰：「若到即有也。」師曰：「未在，更道。」曰：「和尚也須道取一半，莫全靠學人。」師曰：「不辭向汝道，恐已後無人承當。」（下略）（以上錄自《景德傳燈錄》卷五「行思」條，《大正藏》五十一·二四〇頁上—中）

一日，（青）原問師曰：「有人道，嶺南有消息。」師曰：「有人不道嶺南有消息。」曰：「若恁麼，大藏小藏從何而來？」師曰：「盡從這裡去。」（青）原然之。

師於唐天寶（西元七四二年—七五六年）初，荐之衡山南寺，寺之東，有石狀如台，乃結庵其上，時號石頭和尚。師因看《肇論》，至「會萬物為己者，其唯聖人乎？」師乃拊几曰：「聖人無己，靡所不己，法身無象，誰云自他？圓鑑靈照於其間，萬象體玄而自現。境智非一，孰云去來？至哉，斯語也。」遂掩卷。不覺寢夢，自身與六祖同乘一龜，游泳深池之內。覺而詳之，靈龜者智也，池者性海也：「吾與祖師同乘靈智，遊性海矣。」遂著《參同契》。（下略）（以上錄自《五燈會元》卷五，《卍續藏》一三八·一六二頁上）

附錄：語錄摘要

（一）不論禪定

師一日上堂曰：吾之法門，先佛傳授，不論禪定精進，唯達佛之知見，即心即佛。心佛眾生，菩提煩惱，名異體一。汝等當知，自己心靈，體離斷常，性非垢淨，湛然圓滿，凡聖齊同，應用無方，離心意識。三界六道，唯自心現，水月鏡像，豈有生滅？汝能知之，無所不備。（以上錄自《景德傳燈錄》卷十四，《大正藏》五十一．三〇九頁中）

（二）語錄

1.門人道悟問：「曹谿意旨誰人得？」師曰：「會佛法人得。」曰：「師還得否？」師曰：「我不會佛法。」

2.僧問：「如何是解脫？」師曰：「誰縛汝？」又問：「如何是淨土？」師曰：「誰垢汝？」問：「如何是涅槃？」師曰：「誰將生死與汝？」

3.問：「如何是西來意？」師曰：「問取露柱。」曰：「學人不會。」師曰：「我更不會。」

4.大顛問師：「古人云：道有道無是二謗，請師除。」師曰：「一物亦無，除箇甚麼？」師卻問：「併卻咽喉脣吻道將來。」顛曰：「無遮箇。」師曰：「若恁麼，即汝得入門。」

5.道悟問：「如何是佛法大意？」師曰：「不得，不知。」悟曰：「向上更有轉處也無？」師曰：「長空不礙白雲飛。」

6.問：「如何是禪？」師曰：「碌塼。」

7.問：「如何是道？」師曰：「木頭。」（以上錄自《景德傳燈錄》卷十四，《大正藏》五十一．三〇九頁中—下）

天皇道悟（西元七四八—八〇七年）

石頭希遷——天皇道悟

荊州天皇道悟禪師，婺州東陽人也。姓張氏，神儀挺異，幼而生知，長而神俊。年十四，懇求出家，父母不聽，遂誓志損減飲膳，日才一食，形體羸悴，父母不得已而許之。依明州大德披削，二十五杭州竹林寺具戒。精修梵行，推為勇猛；或風雨昏夜，宴坐丘塚，身心安靜，離諸怖畏。一日遊餘杭，首謁徑山國一禪師，受心法，服勤五載。唐大歷（西元七六六—七七九年）中，抵鍾陵，造馬大師，重印前解，法無異說。復住二夏，乃謁石頭遷大師，而致問曰：「離卻定慧，以何法示人？」石頭曰：「我遮裡無奴婢，離箇什麼？」曰：「如何明得？」石頭曰：「汝還撮得空麼？」曰：「恁麼即不從今日去也？」石頭曰：「未審汝早晚從那邊來？」曰：「道悟不是那邊人。」石頭曰：「我早知汝來處。」曰：「師何以贓誣於人？」石頭曰：「汝身見在。」曰：「雖如是，畢竟如何示於後人？」石頭曰：「汝道阿誰是後人？」師從此頓悟。（中略）

遂居天皇。時江陵尹右僕射裴公，稽首問法，致禮勤至，師素不迎送，客無貴賤，皆坐而揖之。裴公愈加歸向。由是，石頭法道，盛于此席。

僧問：「如何是玄妙之說？」師曰：「莫道我解佛法。」僧曰：「爭奈學人疑滯何？」師曰：「何不問老僧？」僧曰：「問了也。」師曰：「去！不是汝存泊處。」（下略）（以上錄自《景德傳燈錄》卷十四，《大正藏》五十一．三〇九頁下─三一〇頁上）

案：《景德傳燈錄》卷十四「天皇道悟」條下細字註中，說明石頭下有二位道悟：一是江陵城西天王寺，渚宮人也；一是江陵城東天皇寺道悟，婺州東陽人也。一嗣馬祖，一嗣石頭。

丹霞天然（西元七三九—八二四年）

石頭希遷——丹霞天然

鄧州丹霞天然禪師，不知何許人也。

初習儒學，將入長安應舉，方宿於逆旅，忽夢白光滿室，占者曰：「解空之祥也。」偶一禪客問曰：「仁者何往？」曰：「選官去。」禪客曰：「選官何如選佛。」曰：「選佛當往何所？」禪客曰：「今江西馬大師出世，是選佛之場，仁者可往。」遂直造江西。

才見馬大師，以手托幞頭額。馬顧視良久曰：「南嶽石頭，是汝師也。」遽抵南嶽，還以前意投之。石頭曰：「著槽廠去。」師禮謝，入行者房，隨次執爨役凡三年。忽一日，石頭告眾曰：「來日剗佛殿前草。」至來日，大眾諸童行，各備鍬钁剗草；獨師以盆盛水淨頭，於和尚前胡跪。石頭見而笑之，便與剃髮，又為說戒法。師乃掩耳而出，便往江西，再謁馬師。未參禮，便入僧堂內，騎聖僧頸而坐。時大眾驚愕，遽報馬師。馬躬入堂視之曰：「我子天然。」師即下地禮拜曰：「謝師賜法號。」因名天然。馬師問：「從什麼處來？」師云：「石頭。」馬云：「石頭路滑，還蹉倒汝麼？」師曰：「若蹉倒，即不來。」

乃杖錫觀方。居天台華頂峰三年。往餘杭徑山，禮國一禪師。唐元和中（西元八〇六—八二〇年），至洛京龍門香山，與伏牛（自在）和尚為莫逆之友。後於慧林寺，遇天大寒，師取木佛焚之，人或譏之，師曰：「吾燒取舍利。」人曰：「木頭何有？」師曰：「若爾者，何責我乎？」（中略）

至（元和）十五年春，告門人言：「吾思林泉終老之所。」時門人令齊靜，方卜南陽丹霞山，結庵以奉事。三年間，玄學者至，盈三百眾，構成大院。（中略）長慶四年（西元八二四年）六月二十三日，告門人曰：「備湯沐，吾欲行矣。」乃戴笠策杖受履，垂一足未及地而化，壽八十六。（下略）（以上錄自《景德傳燈錄》卷十四，《大正藏》五十一．三一〇頁中—三一一頁上。《五燈會元》卷五，《卍續藏》一三八．一六六頁下—一六八頁上收錄者，與此大致相同）

附錄：無道可修，無法可證

阿爾渾家！切須保護一靈之物，不是爾造作名邈得，更說什麼薦與不薦。吾往日見石頭和尚，亦只教：切須自保護。此事不是爾譚話得。

阿爾渾家！各有一坐具地，更疑什麼？禪可是爾解底物？豈有佛可成？佛之一字，永不喜聞。

阿爾自看，善巧方便，慈悲喜捨，不從外得，不著方寸。善巧是文殊，方便是普賢。爾更擬趁逐什麼物？不用經求落空去。

今時學者，紛紛擾擾，皆是參禪問道。吾此間無道可修，無法可證。一飲一啄，各自有分，不用疑慮。在在處處，有恁麼底。若識得釋迦，即者凡夫是，阿爾須自看取。莫一盲引眾盲，相將入火坑。夜裡暗，雙陸賽彩；若為生，無事珍重。（以上錄自《景德傳燈錄》卷十四，《大正藏》五十一．三一一頁上）

藥山惟儼（西元七五一—八三四年）

石頭希遷——藥山惟儼

澧州藥山惟儼禪師，絳州人，姓韓氏，年十七依潮陽西山慧照禪師出家。唐大曆八年（西元七七三年），納戒于衡嶽希操律師。乃曰：「大丈夫當離法自淨，豈能屑屑事細行於布巾耶？」即謁石頭，密領玄旨。

一日，師坐次，石頭覩之問曰：「汝在遮裡作麼？」曰：「一切不為。」石頭曰：「恁麼即閑坐也？」曰：「若閑坐，即為也。」石頭曰：「汝道不為，且不為箇什麼？」曰：「千聖亦不識。」

石頭以偈讚曰：

「從來共住不知名，任運相將只麼行；
自古上賢猶不識，造次凡流豈可明？」

石頭有時垂語曰：「言語動用勿交涉。」師曰：「不言語動用亦勿交涉。」石頭曰：「遮裡針劄不入。」師曰：「遮裡如石上栽華。」石頭然之。

師後居澧州藥山，海眾雲會。

一日，師看經次，柏巖曰：「和尚休猱人得也。」師卷卻經曰：「日頭早晚？」曰：「正當午。」師曰：「猶有遮箇文彩在。」曰：「某甲無亦無。」師曰：「汝大殺聰明。」曰：「某甲只恁麼，和尚尊意如何？」師曰：「我跛跛挈挈，百醜千拙，且恁麼過。」（中略）

及大眾夜參，不點燈，師垂語曰：「我有一句子，待特牛生兒，即向汝道。」時有僧曰：「特牛生兒也，何以不道？」師曰：「把燈來。」其僧抽身入眾。

僧問：「達磨未到此土，此土還有祖師意否？」師曰：「有。」僧曰：「既有祖師意，又來作什麼？」師曰：「只為有，所以來。」

師看經，有僧問：「和尚尋常不許人看經，為什麼卻自看？」師曰：「我只圖遮眼。」曰：「某甲學和尚還得也無？」師曰：「若是汝，牛皮也須看透。」

朗州刺史李翱，嚮師玄化，屢請不起，乃躬入山謁之。師執經卷不顧。侍者白曰：「太守在此。」翱性褊急，乃言曰：「見面不如聞名。」師呼：「太守。」

翺應：「諾。」師曰：「何得貴耳賤目？」翺拱手謝之，問曰：「如何是道？」師以手指上下曰：「會麼？」翺曰：「不會。」師曰：「雲在天，水在缾。」翺乃欣愜作禮而述一偈曰：

「練得身形似鶴形，千株松下兩函經；
我來問道無餘說，雲在青天水在缾。」

翺又問：「如何是戒、定、慧？」師曰：「貧道遮裡無此閑家具。」翺莫測玄旨。師曰：「太守欲得保任此事，直須向高高山頂坐，深深海底行。閨閤中物捨不得，便為滲漏。」

師一夜登山經行，忽雲開見月，大笑一聲，應澧陽東九十許里。居民盡謂東家，明晨迭相推問，直至藥山。徒眾云：「昨夜和尚山頂大笑。」李翺再贈詩曰：

「選得幽居愜野情，終年無送亦無迎；
有時直上孤峰頂，月下披雲笑一聲。」

師太和八年（西元八三四年）二月，臨順世叫云：「法堂倒，法堂倒。」眾皆持柱撐之，師舉手云：「子不會我意！」乃告寂。壽八十有四。（下略）（以上錄自《景德傳燈錄》卷十四，《大正藏》五十一．三一一頁中—三一二頁下）

大顛寶通（西元七三二—八二四年）

石頭希遷——大顛寶通

潮州靈山大顛寶通禪師，初參石頭，頭問：「那箇是汝心？」師曰：「見言語者是。」頭便喝出。經旬日，師卻問：「前者既不是，除此外，何者是心？」頭曰：「除卻揚眉瞬目，將心來。」師曰：「無心可將來。」頭曰：「元來有心，何言無心？無心盡同謗！」師於言下大悟。

異日，侍立次，頭問：「汝是參禪僧，是州縣白蹋僧？」師曰：「是參禪僧。」頭曰：「何者是禪？」師曰：「揚眉瞬目。」頭曰：「除卻揚眉瞬目外，將你本來面目呈看。」師曰：「請和尚除卻揚眉瞬目外鑒。」頭曰：「我除竟。」師曰：「將呈了也。」頭曰：「汝既將呈，我心如何？」師曰：「不異和尚。」頭曰：「不關汝事。」師曰：「本無物。」頭曰：「汝亦無物。」師曰：「既無

物，即真物。」頭曰：「真物不可得，汝心見量意旨如此也，大須護持。」（中略）

韓文公一日相訪，問師：「春秋多少？」師提起數珠曰：「會麼？」公曰：「不會。」師曰：「晝夜一百八。」公不曉，遂回。次日再來至門前，見首座，舉前話，問：「意旨如何？」座扣齒三下。及見師，理前問，師亦扣齒三下。公曰：「原來佛法無兩般。」（中略）

文公又一日白師曰：「弟子軍州事繁，佛法省要處，乞師一語。」師良久，公罔措。時三平為侍者，乃敲禪牀三下。師曰：「作麼？」平曰：「先以定動，後以智拔。」公乃曰：「和尚門風高峻，弟子於侍者邊得箇入處。」

僧問：「苦海波深，以何為船筏？」師曰：「以木為船筏。」曰：「恁麼即得度也？」師曰：「盲者依前盲，瘂者依前瘂。」

一日，將痒和子廊下行，逢一僧問訊次，師以痒和子驀口打曰：「會麼？」曰：「不會。」師曰：「大顛老野狐，不曾辜負人。」（以上錄自《五燈會元》卷五，《卍續藏》一三八．一六八頁下——一六九頁下）

龍潭崇信（生卒年不詳）

石頭希遷——天皇道悟——龍潭崇信

澧州龍潭崇信禪師，本渚宮賣餅家子也，未詳姓氏，少而英異。初悟和尚為靈鑒潛請，居天皇寺，人莫之測，師家居于寺巷，常日以十餅饋之，悟受之，每食畢，常留一餅曰：「吾惠汝，以蔭子孫。」師一日自念曰：「餅是我持去，何以返遺我耶？其別有旨乎？」遂造而問焉。悟曰：「是汝持來，復汝何咎？」師聞之，頗曉玄旨，因請出家。悟曰：「汝昔崇福善，今信吾言，可名崇信。」由是服勤左右。

一日問曰：「某自到來，不蒙指示心要。」悟曰：「自汝到來，吾未嘗不指示汝心要。」師曰：「何處指示？」悟曰：「汝擎茶來，吾為汝接；汝行食來，吾為汝受；汝和南時，吾便低首。何處不指示心要？」師低頭良久，悟曰：「見則直下便見，擬思即差。」師當下開解，乃復問：「如何保任？」悟曰：「任性逍遙，隨緣放曠，但盡凡心，無別勝解。」

師後詣澧陽龍潭棲止。僧問：「髻中珠，誰人得？」師曰：「不賞翫者得。」僧曰：「安著何處？」師曰：「有處即道來。」

尼眾問：「如何得為僧去？」師曰：「作尼來多少時也？」尼曰：「還有為僧時也無？」師曰：「汝即今是什麼？」尼曰：「現是尼身，何得不識？」師曰：「誰識汝？」

李翱問：「如何是真如般若？」師曰：「我無真如般若。」翱曰：「幸遇和尚。」師曰：「此猶是分外之言。」（下略）（以上錄自《景德傳燈錄》卷十四，《大正藏》五十一．三一三頁中—下）

洞山良价（西元八〇七—八六九年）

石頭希遷——藥山惟儼——雲巖曇成——洞山良价

筠州洞山良价禪師，會稽人也，姓俞氏。幼歲從師，因念《般若心經》，以無根塵義問其師，其師駭異曰：「吾非汝師。」即指往五洩山，禮默禪師披剃。年二十一，嵩山具戒。

遊方首謁南泉（普願），值馬祖諱晨，修齋次，南泉垂問眾僧曰：「來日設馬師齋，未審馬師還來否？」眾皆無對，師乃出對曰：「待有是伴即來。」南泉聞已讚曰：「此子雖後生，甚堪雕琢。」師曰：「和尚莫壓良為賤。」

次參溈山，問曰：「頃聞忠國師有無情說法，良价未究其微。」溈山曰：「我遮裡亦有，只是難得其人。」曰：「便請師道。」溈山曰：「父母所生口，終不敢道。」曰：「還有與師同時慕道者否？」溈山曰：「此去石室相連，有雲巖道人，若能撥草瞻風，必為子之所重。」

既到雲巖，問：「無情說法，什麼人得聞？」雲巖曰：「無情說法，無情得聞。」師曰：「和尚聞否？」雲巖曰：「我若聞，汝即不得聞吾說法也。」曰：「若恁麼即良价不聞和尚說法也。」雲巖曰：「我說法，汝尚不聞，何況無情說法也。」（《洞山良价禪師語錄》云：師云：無情說法，該何典教？雲巖云：豈不見《彌陀經》云：水鳥樹林悉皆念佛念法。師於此有省。）師乃述偈，呈雲巖曰：

「也大奇，也大奇，無情說法不思議；

若將耳聽聲不現，眼處聞聲方可知。」

遂辭雲巖，雲巖曰：「什麼處去？」師曰：「雖離和尚，未卜所止。」曰：「莫湖南去？」師曰：「無。」曰：「莫歸鄉去？」師曰：「無。」曰：「早晚卻來？」師曰：「待和尚有住處即來。」曰：「自此一去難得相見。」師曰：「難得不相見。」

又問雲巖：「和尚百年後，忽有人問：『還貌得師真不？』如何祇對？」雲巖曰：「但向伊道，即遮箇是。」師良久，雲巖曰：「承當遮箇事，大須審細。」師猶涉疑，後因過水，覩影，大悟前旨，因有一偈曰：

「切忌從他覓，迢迢與我疎；我今獨自往，處處得逢渠。渠今正是我，我今不是渠；應須恁麼會，方得契如如。」

他日，因供養雲巖真，有僧問曰：「先師道，只遮是，莫便是否？」師曰：「是。」僧曰：「意旨如何？」師曰：「當時幾錯會先師語。」曰：「未審先師還知有也無？」師曰：「若不知有，爭解恁麼道？若知有，爭肯恁麼道？」（中略）

師至唐大中（西元八四七—八五九年）末，於新豐山接誘學徒，厥後盛化豫章高安之洞山。

因為雲巖諱日營齋，有僧問：「和尚於先師處得何指示？」師曰：「雖在彼中，不蒙他指示。」僧曰：「即不蒙指示，又用設齋作什麼？」師曰：「然雖如此，焉敢違背於他。」僧問：「和尚初見南泉發迹，為什麼與雲巖設齋？」師曰：「我不重先師道德，亦不為佛法，只重不為我說破，又因設忌齋。」僧問：「和尚為先師設齋，還肯先師也無？」師曰：「半肯半不肯。」曰：「為什麼不全肯？」師曰：「若全肯，即孤負先師也。」（下略）（以上錄自《景德傳燈錄》卷十五，《大正藏》五十一．三二一頁中—三二二頁上）

附錄：語錄摘要

（一）師行腳時，會一官人云：「三祖〈信心銘〉，弟子擬註。」師云：「纔有是非，紛然失心，作麼生註？」

（二）雪峰作飯頭，淘米次，師問：「淘沙去米？淘米去沙？」雪峰云：「沙米一時去。」師云：「大眾喫箇什麼？」雪峰遂覆卻米盆。師云：「據子因緣，合在德山。」

（三）雲居結庵於三峰，經旬不赴堂，師問：「子近日何不赴齋？」雲居云：「每日自有天神送食。」師云：「我將謂汝是箇人，猶作這箇見解在。汝晚間來。」雲居晚至，師召：「膺庵主。」雲居應：「諾。」師云：「不思善不思惡，是甚麼？」雲居回庵，寂然宴坐，天神自此，竟尋不見，如是三日，乃絕。

（四）道全問師：「如何是出離之要？」師云：「闍黎足下烟生。」全當下契悟，更不他遊。雲居進語云：「終不敢孤負和尚足下烟生。」師云：「步步玄者，即是功到。」

（五）師示眾云：「兄弟，秋初夏末，東去西去，直須向萬里無寸草處去始得。」良久云：「祇如萬里無寸草處，作麼生去？」後有舉似石霜，石霜云：「何不道：出門便是草。」師聞乃云：「大唐國裡，能有幾人？」

（六）上堂：「還有不報四恩三有者麼？」眾無對。又云：「若不體此意，何超始終之患？直須心心不觸物，步步無處所，常無間斷，始得相應。直須努力，莫閑過日。」（以上錄自《洞山良价禪師語錄》，《卍續藏》一一九．八七六頁上—八八二頁上）

投子大同（西元八一九—九一四年）

石頭希遷——丹霞天然——翠微無學——投子大同

舒州投子山大同禪師，本州懷寧人也，姓劉氏。幼歲依洛下保唐滿禪師出家。初習安般觀，次閱華嚴教，發明性海。復謁翠微山法席，頓悟宗旨。（下略）（以上錄自《景德傳燈錄》卷十五，《大正藏》五十一．三一九頁上）

投子問：「未審二祖初見達磨，當何所得？」師（翠微）曰：「汝今見吾，復何所得？」一日師在法堂內行，投子進前，接禮而問曰：「西來密旨，和尚如何示人？」師駐步少時，又曰：「乞師垂示。」師曰：「更要第二杓惡水作麼？」投子禮謝而退。師曰：「莫埰卻。」投子曰：「時至根苗自生。」（下略）（以上錄自《景德傳燈錄》卷十四，《大正藏》五十一．三一三頁下「翠微無學禪師」條）

由是，放任周遊，歸旋故土，隱投子山，結茅而居。

一日，趙州諗和尚至桐城縣，師亦出山，途中相遇未相識。趙州潛問俗士，知是投子，乃逆而問曰：「莫是投子山主麼？」師曰：「茶鹽錢乞一箇。」趙州即先到庵中坐，師後攜一缾油歸庵，趙州曰：「久嚮投子，到來只見箇賣油翁。」師曰：「汝只見賣油翁，且不識投子。」曰：「如何是投子？」師曰：「油油。」趙州問：「死中得活時如何？」師曰：「不許夜行，投明須到。」趙州曰：「我早侯白，伊更侯黑。」

自爾，師道聞天下，雲水之侶，競奔湊焉。（下略）（以上錄自《景德傳燈錄》卷十五，《大正藏》五十一．三一九頁上）

附錄：語錄摘要

（一）師謂眾曰：汝諸人來遮裡，擬覓新鮮語句，攢華四六，口裡貴有可道。我老人氣力稍劣，脣舌遲鈍。汝若問我，我便隨汝答對，也無玄妙可及於汝；亦不教汝垛根，終不說向上向下，有佛有法，有凡有聖；亦不存坐，繫縛汝諸人。變現千般，總是汝生解自擔帶，將來自作自受。遮裡無可與汝，不敢誑嚇汝，無表無裡，可得說似。汝諸人還知麼？

（二）問：「枯木中還有龍吟也無？」師曰：「我道髑髏裡有師子吼。」

（三）問：「那吒太子析骨還父，析肉還母，如何是那吒本來身？」師放下手中杖子。

（四）問：「千里尋師，乞師一接。」師曰：「今日老僧腰痛。」

（五）菜頭入方丈請益，師曰：「且去，待無人時，來為闍黎說。」菜頭明日，伺得無人，又來請和尚說，師曰：「近前來。」菜頭近前，師曰：「輒不得舉似於人。」

（六）問：「和尚未見先師時如何？」師曰：「通身不奈何。」曰：「見先師後如何？」師曰：「通身撲不碎。」曰：「還從師得也無？」師曰：「終不相辜負。」曰：「恁麼即從師得也？」師曰：「自著眼趁取。」曰：「恁麼即辜負先師也？」師曰：「非但辜負先師，亦乃辜負老僧。」

（七）問：「七佛是文殊弟子，文殊還有師也無？」師曰：「適來恁麼道也，大似屈己推人。」（以上錄自《景德傳燈錄》卷十五，《大正藏》五十一．三一九頁上—三二〇頁上）

夾山善會（西元八〇五—八八一年）

石頭希遷——藥山惟儼——船子德誠——夾山善會

澧州夾山善會禪師，廣州峴亭人也，姓廖氏。九歲於潭州龍牙山出家，依年受戒，往江陵聽習經論，該練三學，遂參禪會，勵力參承。初住京口，一夕，道吾策杖而至，遇師上堂，僧問：「如何是法身？」師曰：「法身無相。」曰：「如何是法眼？」師曰：「法眼無瑕。」師又曰：「目前無法，意在目前；不是目前，法非耳目所到。」道吾乃笑。師乃生疑，問吾：「何笑？」吾曰：「和尚一等出世未有師，可往浙中華亭縣，參船子和尚去。」師曰：「訪得獲否？」道吾曰：「彼師上無片瓦遮頭，下無卓錐之地。」師遂易服，直詣華亭。會船子鼓櫂而至。（下略）（以上錄自《景德傳燈錄》卷十五，《大正藏》五十一．三二三頁下—三二四頁上）

師（船子）問曰：「坐主住甚寺？」會曰：「寺即不住，住即不似。」師曰：「不似似箇什麼？」會曰：「目前無相似。」師曰：「何處學得來？」曰：「非耳目之所到。」師笑曰：

「一句合頭語，萬劫繫驢橛。

垂絲千尺，意在深潭。

離鉤三寸，速道速道！」

會擬開口，師便以篙撞在水中，因而大悟。師當下棄舟而逝，莫知其終。（以上錄自《景德傳燈錄》卷十四，《大正藏》五十一．三一五頁中）

師比遁世忘機，尋以學者交湊，廬室星布，曉夕參依。唐咸通十一年庚寅（西元八七〇年），海眾卜於夾山，遽成院宇。（下略）（以上錄自《景德傳燈錄》卷十五，《大正藏》五十一．三二四頁上）

附錄：語錄摘要

（一）目前無法

師上堂示眾曰：夫有祖以來，時人錯會，相承至今，以佛祖句，為人師範，如此卻成狂人、無智人去。他只指示汝，無法本是道，道無一法，無佛可成，無道可得，無法可捨。故云：「目前無法，意在目前，他不是目前法。」若向佛祖邊學，此人未有眼目，皆屬所依之法，不得自在。本只為生死茫茫，識性無自由分。千里萬里，求善知識，須有正眼，永脫虛謬之見。定取目前生死，為復實有，為復實無。若有人定得，許汝出頭。上根之人，言下明道；中下根器，波波浪走，何不向生死中定。當取何處，更疑佛疑祖，替汝生死，有智人笑汝。偈曰：

「勞持生死法，唯向佛邊求；

目前迷正理，撥火覓浮漚。」

僧問：「從上立祖意教意，和尚此間為什麼言無？」師曰：「三年不食飯，目前無饑人。」曰：「既無饑人，某甲為什麼不悟？」師曰：「只為悟，迷卻闍黎。」師說頌曰：

「明明無悟法，悟法卻迷人；
長舒兩腳睡，無偽亦無真。」

（二）語錄

1. 僧問：「如何是道？」師曰：「太陽溢目，萬里不掛片雲。」曰：「如何得會？」師曰：「清淨之水，游魚自迷。」

2. 問：「如何是實際之理？」師曰：「石上無根樹，山含不動雲。」

3. 西川首座遊方至白馬，舉華嚴教語問曰：「一塵含法界無邊時如何？」白馬曰：「如鳥二翼，如車二輪。」首座曰：「將謂禪門別有奇特事，元來不出教乘。」乃迴本地。尋嚮夾山盛化，遣小師持前語而問師，師曰：「雕沙無鏤玉之譚，結草乖道人之思。」小師迴舉似首座，首座乃讚：「將謂禪門與教意不殊，元來有奇特之事。」（以上錄自《景德傳燈錄》卷十五，《大正藏》五十一．三二四頁上—中）

4. 問：「兩鏡相照時如何？」師曰：「蚌呈無價寶，龍吐腹中珠。」

5. 問：「如何是寂默中事？」師曰：「寢殿無人。」

6.問：「如何識得家中寶？」師曰：「忙中爭得作閑人。」

7.問：「如何是相似句？」師曰：「荷葉團團團似鏡，菱角尖尖尖似錐。」

復曰：「會麼？」曰：「不會。」師曰：「風吹柳絮毛毬走，雨打梨花蛺蝶飛。」

(三) 不著破草鞋

上堂：金烏玉兔，交互爭輝；坐卻日頭，天下黯黑。上唇與下唇，從來不相識。明明向君道，莫令眼顧著，何也？日月未足為明，天地未足為大。空中不運斤，巧匠不遺蹤。見性不留佛，悟道不存師。尋常老僧道：目覩瞿曇，猶如黃葉。一大藏教，是老僧坐具。祖師玄旨，是破草鞋，寧可赤腳，不著最好。

(四) 打殺埋卻

有僧問：「承和尚有言：二十年住此山，未曾舉著宗門中事，是否？」師曰：「是。」僧便掀倒禪牀。師休去。至明日普請，掘一坑，令侍者請昨日僧至曰：「老僧二十年說無義語，今日請上座打殺老僧，埋向坑裡，便請，便請。若不打殺師僧，上座自著打殺，埋在坑中始得。」其僧歸堂，束裝潛去。（以上錄自

《五燈會元》卷五，《卍續藏》一三八．一八七頁上—下）

曹山本寂（西元八四〇—九〇一年）

石頭希遷——藥山惟儼——雲巖曇成——洞山良价——曹山本寂

撫州曹山本寂禪師，泉州莆田人也，姓黃氏，少慕儒學，年十九出家，入福州福唐縣靈石山，二十五登戒。

唐咸通（西元八六〇—八七三年）初，禪宗興盛，會洞山价禪師坐道場。往來請益。洞山問：「闍黎名什麼？」對曰：「本寂。」曰：「向上更道。」師曰：「不道。」曰：「為什麼不道？」師曰：「不名本寂。」洞山深器之。師自此入室，密印所解，盤桓數載，乃辭洞山。洞山問：「什麼處去？」曰：「不變異處去。」洞山云：「不變異豈有去耶？」師曰：「去亦不變異。」遂辭去。隨緣放曠，初受請，止於撫州曹山，後居荷玉山，二處法席，學者雲集。（下略）（以上錄自《景德傳燈錄》卷十七，《大正藏》五十一．三三六頁上）

附錄：語錄摘要

（一）紙衣道者

紙衣道者來參，師問：「莫是紙衣道者否？」云：「不敢。」師云：「如何是紙衣下事？」道者云：「一裘纔挂體，萬法悉皆如。」師云：「如何是紙衣下用？」道者近前應諾，便立脫。師云：「汝祇解恁麼去，何不解恁麼來？」道者忽開眼問云：「一靈真性，不假胞胎時如何？」師云：「未是妙。」道者云：「如何是妙？」師云：「不借借。」道者珍重便化。師示頌云：

「覺性圓明無相身，莫將知見妄疎親；
念異便於玄體昧，心差不與道為鄰。
情分萬法沉前境，識鑒多端喪本真；
如是句中全曉會，了然無事昔時人。」

（二）南泉姓王

僧舉陸亘大夫問南泉：姓什麼？南泉云：姓王。亘云：王還有眷屬也無？

南泉云：四臣不昧。亘云：王居何位？南泉云：玉殿苔生。問師：「玉殿苔生意旨如何？」師云：「不居正位。」僧云：「八方來朝時如何？」師云：「他不受禮。」僧云：「何用來朝？」師云：「違則斬。」僧云：「違是臣分上，未審君意如何？」師云：「樞密不得旨。」僧云：「恁麼則燮理之功，全歸臣相也？」師云：「你還知君意麼？」僧云：「方外不敢論量。」師云：「如是如是。」

(三) 無刃劍

僧問：「如何是無刃劍？」師云：「非淬鍊所成。」僧云：「用者如何？」師云：「逢者皆喪。」僧云：「不逢者如何？」師云：「亦須頭落。」僧云：「逢者皆喪則固是，不逢者為甚麼頭落？」師云：「不見道能盡一切。」僧云：「盡後如何？」師云：「方知有此劍。」

(四) 髑髏裡眼睛

僧問香嚴：「如何是道？」香嚴云：「枯木裡龍吟。」僧云：「如何是道中人？」香嚴云：「髑髏裡眼睛。」僧不領，乃問石霜（慶諸禪師，青原下四世）：「如何是枯木裡龍吟？」石霜云：「猶帶喜在。」僧云：「如何是髑髏裡眼睛？」石霜云：「猶帶識在。」又不領，乃問師：「如何是枯木裡龍吟？」師云：「血脈不斷。」僧云：「如何是髑髏裡眼睛？」師云：「乾不盡。」僧云：「未審還有得聞者麼？」師云：「盡大地未有一人不聞。」僧云：「未審枯木裡龍吟是何章句？」師云：「不知是何章句，聞者皆喪。」遂示偈云：

「枯木龍吟真見道，髑髏無識眼初明；
喜識盡時消息盡，當人那辨濁中清。」

(五) 語錄

1. 僧問：「學人通身是病，請師醫。」師云：「不醫。」僧云：「為甚麼不醫？」師云：「教汝求生不得，求死不得。」

2. 師一日入僧堂向火，有僧云：「今日好寒。」師云：「須知有不寒者。」僧云：「誰是不寒者？」師筴火示之。僧云：「莫道無人好。」師抛下火。僧云：「某甲到這裡卻不會。」師云：「日照寒潭明更明。」

3. 僧問：「即心即佛即不問；如何是非心非佛？」師云：「兔角不用無，牛角不用有。」

4.問：「如何是常在底人？」師云：「恰遇曹山暫出。」云：「如何是常不在底人？」師云：「難得。」（以上錄自《曹山本寂禪師語錄》，《卍續藏》一一九．八八九頁下—八九三頁下）

第七篇

德山至天童的禪師

德山宣鑒（西元七八二—八六五年）

青原行思——石頭希遷——天皇道悟——龍潭崇信——德山宣鑒

朗州德山宣鑒禪師，劍南人也，姓周氏，丱歲出家，依年受具，精究律藏，於性相諸經，貫通旨趣，常講《金剛般若》，時謂之周金剛。厥後訪尋禪宗，因謂同學曰：「一毛吞海，海性無虧，纖芥投鋒，鋒利不動，學與無學，唯我知焉。」

因造龍潭信禪師，問答皆一語而已。前章出之。師即時辭去，龍潭留之。

一夕，於室外默坐，龍問：「何不歸來？」師對曰：「黑。」龍乃點燭與師，師擬接，龍便吹滅，師乃禮拜。龍曰：「見什麼？」曰：「從今向去，不疑天下老和尚舌頭也。」至明日便發。

龍潭謂諸徒曰：「可中有一箇漢，牙如劍樹，口似血盆，一棒打不迴頭，他時向孤峰頂上立吾道在。」

師抵于溈山，從法堂西過東，迴視方丈，溈山無語，師曰：「無也無也。」便出至僧堂前乃曰：「然雖如此，不得草草。」遂具威儀再參，纔跨門，提起坐具喚曰：「和尚。」溈山擬取拂子，師喝之，揚袂而出。溈山晚間問大眾：「今日新到僧何在？」對曰：「那僧見和尚了，更不顧僧堂，便去也。」溈山問眾：「還識遮阿師也無？」眾曰：「不識。」溈曰：「是子將來有把茅蓋頭，呵佛罵祖去在。」

師住澧陽三十年，屬唐武宗廢教，避難於獨浮山之石室。（下略）（以上錄自《景德傳燈錄》卷十五，《大正藏》五十一．三一七頁中—下）

泊大中（西元八四七—八五九年），還復法儀，咸通（西元八六〇—八七三年）初，武陵太守薛延望堅請，始居德山，其道芬馨四海，禪徒輻湊，伏臘堂中常有半千人矣。（下略）（以上錄自《宋高僧傳》卷十二，《大正藏》五十．七七八頁下）

師上堂曰：「今夜不得問話，問話者三十拄杖。」時有僧出，方禮拜，師乃打之。僧曰：「某甲話也未問，和尚因什麼打某甲？」師曰：「汝是什麼處人？」曰：「新羅人。」師曰：「汝上船時，便好與三十拄杖。」（中略）

師尋常遇僧到參，多以拄杖打。臨濟聞之，遣侍者來參，教令：「德山若打汝，但接取拄杖，當胸一拄。」侍者到，方禮拜，師乃打，侍者接得拄杖與一拄，師歸方丈。侍者迴舉似臨濟，濟云：「後來疑遮個漢。」

師上堂曰：「問即有過，不問又乖。」有僧出禮拜，師便打，僧曰：「某甲始禮拜，為什麼便打？」師曰：「待汝開口堪作什麼！」

師令侍者喚義存（即雪峰也），存上來，師曰：「我自喚義存，汝又來作什麼？」存無對。（中略）

師因疾，有僧問：「還有不病者無？」師曰：「有。」曰：「如何是不病者？」師曰：「阿爺阿爺。」（下略）（以上錄自《景德傳燈錄》卷十五，《大正藏》五十一．三一七頁下—三一八頁上）

附錄：無事無求

師上堂，謂眾曰：於己無事，則勿妄求，妄求而得，亦非得也。汝但無事於心，無心於事，則虛而靈，寂而妙。若毛端許，言之本末者，皆為自欺。毫氂繫念，三塗業因；瞥爾生情，萬劫羈鎖。聖名凡號，盡是虛聲；殊相劣形，皆為幻

色。汝欲求之，得無累乎？及其厭之，又成大患，終為無益。（以上錄自《景德傳燈錄》卷十五，《大正藏》五十一．三一七頁下）

雪峰義存（西元八二二—九〇八年）

德山宣鑒——雪峰義存

福州雪峰義存禪師，泉州南安人也，姓曾氏，家世奉佛。師生惡葷茹，於襁褓中，聞鐘梵之聲，或見幡華像設，必為之動容。年十二，從其父遊莆田玉澗寺，見慶玄律師，遽拜曰：「我師也。」遂留侍焉。十七落髮。謁芙蓉山常照大師，照撫而器之。後往幽州寶刹寺受具足戒，久歷禪會，緣契德山。（下略）（以上錄自《景德傳燈錄》卷十六，《大正藏》五十一．三二七頁上）

師在洞山作飯頭，淘米次，山問：「淘沙去米，淘米去沙？」師曰：「沙米一時去。」山曰：「大眾喫箇什麼？」師遂覆卻米盆。山曰：「據子因緣，合在德山。」（中略）師蒸飯次，洞山問：「今日蒸多少？」師云：「二石。」山云：「莫不足麼？」師云：「於中有不喫者。」山云：「忽然總喫，又作麼生？」師無對。（中略）師辭洞山，山曰：「子甚處去？」師曰：「歸嶺中去。」山曰：「當時從甚麼路出？」師曰：「從飛猿嶺出。」山曰：「今回向甚麼路去？」師曰：「從飛猿嶺去。」山曰：「有一人不從飛猿嶺去，子還識麼？」師曰：「不識。」山曰：「為甚麼不識？」師曰：「佗無面目。」山曰：「子既不識，爭知無面目？」師無對。

師謁德山，問：「從上宗乘，學人還有分也無？」山打一棒曰：「道甚麼？」師曰：「不會。」至明日請益，山曰：「我宗無語句，實無一法與人。」師有省。

後與巖頭（全豁禪師，德山法嗣，西元八二八—八八七年）至澧州鼇山鎮，阻雪。頭每日祇是打睡，師一向坐禪，一日喚曰：「師兄師兄，且起來。」頭曰：「作甚麼？」師曰：「今生不著便，共文邃個漢，行腳到處被佗帶累。今日到此，又祇管打睡。」頭喝曰：「噇眠去！每日床上坐，恰似七村裡土地，佗時後日，魔魅人家男女去在。」師自點胸曰：「我這裡未穩在，不敢自謾。」頭曰：「我將謂爾佗日向孤峰頂上，盤結草庵，播揚大教，猶作這个語話。」師曰：「我實未穩在。」頭曰：「爾若實如此，據爾所見處，一一通來，是處與爾證明，不是處與爾剗卻。」師曰：「我初到鹽官（齊安禪師，馬祖法嗣），見上堂，舉色空義，得個入處。」頭曰：「此去三十年，切忌舉著。」「又見洞山過水偈曰：切忌從佗覓，迢迢與我疎，渠今正是我，我今不是渠。」頭曰：「若與麼，自救也未撤在。」師又曰：「後問德山：『從上宗乘中事，學人還有分也無？』德山打一棒曰：『道甚麼？』我當時如桶底脫相似。」頭喝曰：「儞不聞：『道從門入者，不是家珍。』」師曰：「他後如何即是？」頭曰：「佗後若欲播揚大教，一一從自己胸襟流出，將來與我蓋天蓋地去。」師於言下大悟。（下略）（以上錄自《雪峰義存禪師語錄》卷上，《卍續藏》一一九．九四四頁上—九四五頁上）

附錄：語錄摘要

（一）問：「剃髮染衣，受佛依蔭，為什麼不許認佛？」師曰：「好事不如無。」

（二）僧問：「寂然無依時如何？」師曰：「猶是病。」曰：「轉後如何？」師曰：「船子下揚州。」

（三）問：「承古有言。」師便作臥勢，良久起曰：「問什麼？」僧再舉，師曰：「虛生浪死漢。」

（四）栖典座問：「古人有言：知有佛向上事，方有語話分，如何是語話？」師把住曰：「道！道！」栖無對，師蹋倒，栖起來汗流。

（五）師問僧：「此水牯牛，年多少？」僧無對，師自代曰：「七十七也。」僧曰：「和尚為什麼作水牯牛？」師曰：「有什麼罪過？」

（六）因舉六祖云：不是風動，不是旛動，仁者心動。師曰：「大小祖師，龍頭蛇尾，好與二十拄杖。」時太原孚上座侍立，聞之咬齒。師又曰：「我適來恁麼道也，好與二十拄杖。」

（七）普請往寺莊，路逢獮猴，師曰：「遮畜生一箇背一面古鏡，摘山僧稻禾。」僧曰：「曠劫無名，為什麼彰為古鏡？」師曰：「瑕生也。」僧曰：「有什麼死急，話頭也不識？」師曰：「老僧罪過。」（以上錄自《景德傳燈錄》卷十六，《大正藏》五十一．三二七頁上—三二八頁中）

雲門文偃（西元八六四—九四九年）

德山宣鑒——雪峰義存——雲門文偃

韶州雲門山光奉院文偃禪師，嘉興人也，姓張氏。幼依空王寺志澄律師出家。敏質生知，慧辯天縱，及長落髮，稟具於毘陵壇，侍澄數年，探窮律部。以己事未明，往參睦州（道明禪師，黃檗法嗣，通稱陳尊宿），州纔見來，便閉卻門，師乃扣門，州曰：「誰？」師曰：「某甲。」州曰：「作甚麼？」師曰：「己事未明，乞師指示。」州開門，一見，便閉卻。師如是連三日扣門，至第三日，州開門，師乃擲入，州便擒住曰：「道！道！」師擬議，州便推出曰：「秦時轆轢鑽。」遂掩門，損師一足。師從此悟入。州指見雪峰。

師到雪峰莊，見一僧，乃問：「上座今日上山去那？」僧曰：「是。」師曰：「寄一則因緣，問堂頭和尚，祇是不得道是別人語。」僧曰：「得。」師曰：「上座到山中，見和尚上堂，眾纔集，便出握腕立地曰：『這老漢，項上鐵枷，何不脫卻。』」其僧一依師教。雪峰見這僧與麼道，便下座攔胸把住曰：「速道！速道！」僧無對，峰拓開曰：「不是汝語。」（中略）僧曰：「不是某語，是莊上一浙中上座教某甲來道。」峰曰：「大眾去莊上，迎取五百人善知識來。」（下略）（以上錄自《指月錄》卷二十，《卍續藏》一四三．四四八頁上—下）

至彼，出眾便問：「如何是佛？」峰云：「莫寐語。」雲門便禮拜，一住三年。雪峰一日問：「子見處如何？」門云：「某甲見處，與從上諸聖，不移易一絲毫許。」（下略）（以上錄自《碧巖錄》卷一，《大正藏》四十八．一四五頁下）

師在雪峰，僧問峰：「如何是觸目不會道，運足焉知路。」峰云：「蒼天，蒼天！」僧不會，遂問師：「蒼天意旨如何？」師云：「三斤麻，一疋布。」僧云：「不會。」師云：「更奉三尺竹。」峰聞，喜云：「我常疑個布衲。」

師出嶺，遍謁諸方。（下略）（以上錄自《指月錄》卷二十，《卍續藏》一四三．四四八頁下）

附錄：語錄摘要

(一) 雪竇評介

雲門尋常愛說三字禪——顧鑒咦。又說一字禪。僧問：「殺父殺母，佛前懺悔。殺佛殺祖，向什麼處懺悔？」門云：「露。」又問：「如何是正法眼藏？」門云：「普。」直是不容擬議。到平鋪處，又卻罵人。若下一句語，如鐵橛子相似。後出四哲，乃洞山初、智門寬、德山密、香林遠，皆為大宗師。香林十八年為侍者，凡接他，只叫遠侍者，遠云：「喏。」門云：「是什麼？」如此十八年，一日方悟，門云：「我今後更不叫汝。」

雲門尋常接人，多用睦州手段，只是難為湊泊，有抽釘拔楔底鉗鎚。（以上錄自《碧巖錄》卷一，《大正藏》四十八：一四六頁上）

(二) 語錄

1.師云：「十五日已前不問汝，十五日已後道將一句來。」自代云：「日日是好日。」

2.垂語云：「人人盡有光明在，看時不見暗昏昏。作麼生是諸人光明？」自代云：「廚庫三門。」又云：「好事不如無。」

3.師見飯頭云：「汝是飯頭麼？」云：「是。」師云：「顆裡有幾米，米裡有幾顆？」頭無對。代云：「某甲瞻星望月。」

4.問：「如何是塵塵三昧？」師曰：「鉢裡飯、桶裡水。」

問：「如何是雲門一句？」師曰：「臘月二十五。」

問：「如何是法身？」師曰：「六不收。」

問：「如何是超佛越祖之談？」師曰：「胡餅。」

問：「如何是佛？」師曰：「乾矢橛。」

問：「如何是諸佛出身處？」師曰：「東山水上行。」

問：「不起一念，還有過也無？」師曰：「須彌山。」

問：「如何是透法身句？」師曰：「北斗裡藏身。」

5.師云：「古佛與露柱相交，是第幾機？」僧問：「意旨如何？」師云：「一條絛，三十文買。」復代前語云：「南山起雲，北山下雨。」僧又問：「一條絛，三十文買如何？」師云：「打與。」

6.僧來參，師乃拈起袈裟曰：「汝若道得，落我袈裟圈䙡裡；汝若道不得，又在鬼窟裡坐，作麼生？」自代曰：「某甲無氣力。」

7.示眾：「古德道：『藥病相治，盡大地是藥，那個是你自己？』」乃曰：「遇賤即貴。」

8.示眾：「迷己底人，觸途俱滯。悟本底人，為甚麼有四大見？」代云：「益州附子建州薑。」

9.示眾：「從上祖師，三世諸佛說法，山河大地草木，為甚麼不省去？」代云：「新到行人事。」

10.示眾：「十方國土中，惟有一乘法，且道自己在一乘法裡，一乘法外？」代云：「入。」

11.示眾：「既知來處，且道什麼劫中無祖師？」代云：「某甲今日不著便。」

12.上堂：「乾坤之內，宇宙之間，中有一寶，秘在形山。拈燈籠向佛殿裡，將三門來燈籠上，作麼生？」自代云：「逐物意移。」又曰：「雲起雷興。」（以上錄自《指月錄》卷二十，《卍續藏》一四三．四五二頁上—四五八頁下）

玄沙師備

（西元八三五—九〇八年）

德山宣鑒——雪峰義存——玄沙師備

（梁）福州玄沙宗一大師，法名師備，福州閩縣人也，姓謝氏。幼好垂釣，泛小艇於南台江，狎諸漁者。

唐咸通（西元八六〇—八七三年）初，年甫三十，忽慕出塵，乃棄釣舟，投芙蓉山靈訓禪師落髮，往豫章開元寺道玄律師受具。布衲芒屨，食才接氣，常終日宴坐，眾皆異之。

與雪峰義存，本法門昆仲，而親近若師資，雪峰以其苦行，呼為頭陀。一日，雪峰問曰：「阿那箇是備頭陀？」對曰：「終不敢誑於人。」異日，雪峰召曰：「備頭陀何不遍參去？」師曰：「達磨不來東土，二祖不往西天。」雪峰然之，暨登象骨山，乃與師同力締構，玄徒臻萃。師入室咨決，罔替晨昏。

又閱《楞嚴經》，發明心地。由是應機敏捷，與修多羅冥契。諸方玄學，有所未決，必從之請益。至若與雪峰和尚徵詰，亦當仁不讓。雪峰曰：「備頭陀其再來人也。」

一日，雪峰上堂曰：「要會此事，猶如古鏡當台，胡來胡現，漢來漢現。」師曰：「忽遇明鏡破時如何？」雪峰曰：「胡漢俱隱。」師曰：「老和尚腳跟猶未點地。」（下略）（以上錄自《景德傳燈錄》卷十八，《大正藏》五十一．三四三頁下——三四四頁上）

附錄：語錄摘要

（一）不用一毫工夫

饒汝鍊得身心同空去，饒汝得到精明湛不搖處，不出他識陰。古人喚作如急流水，流急不覺，妄為澹淨。恁麼修行，盡不出他輪迴際，依前被輪轉去。所以道：諸行無常，直是三乘功果。如是可畏，若無道眼，亦不為究竟。何如從今日博地凡夫，不用一毫工夫，便頓超去解省心力麼？還願樂麼？勸汝，我如今立地待汝覰去，不用汝加功練行，如今不恁麼，更待何時？

（二）祕密金剛體

汝今欲得出他五蘊身田主宰，但識取汝祕密金剛體，古人向汝道，圓成正遍，遍周沙界。我今少分為汝智者，可以譬喻得解。汝見此南閻浮提日麼？世間人所作，興營、養身、活命，種種心行作業，莫非承他日光成立，只如日體還有多般及心行麼？還有不周遍處麼？欲識此金剛體，亦如是。只如今山河大地、十方國土，色空明暗，及汝身心，莫非盡承汝圓成威光所現？直是天人群生類所作業次受生果報，有性無情，莫非承汝威光？乃至諸佛成道成果，接物利生，莫非盡承汝威光？只如金剛體，還有凡夫諸佛麼？有汝心行麼？

（三）接盲、聾、瘂三種病人

師有時垂語曰：諸方老宿，盡道接物利生，且問汝：「只如盲、聾、瘂三種病人，汝作麼生接？若拈槌豎拂，他眼且不見；共他說話，耳又不聞；口復瘂，若接不得，佛法盡無靈驗。」時有僧出曰：「三種病人，和尚還許人商量否？」

師曰：「許汝作麼生商量？」其僧珍重出。師曰：「不是，不是。」

(四)喫果子

師與韋監軍喫果子，韋問：「如何是日用而不知？」師拈起果子曰：「喫。」韋喫果子了，再問之，師曰：「只者是日用而不知。」

(五)入路

問：「學人乍入叢林，乞師指箇入路。」師曰：「還聞偃溪水聲否？」曰：「聞。」師曰：「是汝入處。」（以上五則錄自《景德傳燈錄》卷十八，《大正藏》五十一．三四四頁下——三四七頁中）

布袋契此（西元？—九一六年）

傳承不詳

明州奉化縣布袋和尚者，未詳氏族。自稱名契此，形裁腲脮，蹙額皤腹，出語無定，寢臥隨處，常以杖荷一布囊，凡供身之具，盡貯囊中。入鄽肆聚落，見物則乞，或醯醢魚葅，才接入口，分少許，投囊中，時號長汀子布袋師也。嘗雪中臥，雪不沾身，人以此奇之，或就人乞其貨則售，示人吉凶，必應期無忒。（中略）

有一僧在師前行，師乃拊僧背一下，僧迴頭，師曰：「乞我一文錢。」曰：「道得即與汝一文。」師放下布囊，叉手而立。

白鹿和尚問：「如何是布袋？」師便放下布袋。又問：「如何是布袋下事？」師負之而去。

先保福和尚問：「如何是佛法大意？」師放下布袋叉手。保福曰：「為只如此，為更有向上事？」師負之而去。

師在街衢立，有僧問：「和尚在遮裡作什麼？」師曰：「等箇人。」曰：「來也來也。」師曰：「汝不是遮箇人。」曰：「如何是遮箇人？」師曰：「乞我一文錢。」

師有歌曰：

「只箇心心心是佛，十方世界最靈物；
縱橫妙用可憐生，一切不如心真實。
騰騰自在無所為，閑閑究竟出家兒；
若覩目前真大道，不見纖毫也大奇。
萬法何殊心何異，何勞更用尋經義；
心王本自絕多知，智者只明無學地。
非聖非凡復若乎，不彊分別聖情孤；
無價心珠本圓淨，凡是異相妄空呼。
人能弘道道分明，無量清高稱道情；
攜錦若登故國路，莫愁諸處不聞聲。」

又有偈曰：

「一缽千家飯，孤身萬里遊；

青目覩人少，問路白雲頭。」

梁貞明二年（西元九一六年）丙子三月，師將示滅，於嶽林寺東廊下，端坐磐石，而說偈曰：

「彌勒真彌勒，分身千百億；

時時示時人，時人自不識。」

偈畢，安然而化。其後，他州有人見師，亦負布袋而行，於是四眾競圖其像，今嶽林寺大殿東堂，全身見存。（以上錄自《景德傳燈錄》卷二十七，《大正藏》五十一．四三四頁上—中）

鏡清道怤

（西元八六八—九三七年）

德山宣鑒——雪峰義存——鏡清道怤

杭州龍冊寺順德大師道怤，永嘉人也，姓陳氏。丱歲不食葷茹，親黨彊啖以枯魚，隨即嘔噦，遂求出家，于本州開元寺受具，遊方抵閩川，謁雪峰，峰問：「什麼處人？」曰：「溫州人。」雪峰曰：「恁麼即與一宿覺是鄉人也。」曰：「只如一宿覺是什麼處人？」雪峰曰：「好喫一頓棒，且放過。」

一日師問：「只如古德，豈不是以心傳心？」雪峰曰：「兼不立文字語句。」曰：「只如不立文字語句，師如何傳？」雪峰良久，師禮謝。雪峰曰：「更問我一轉，豈不好？」曰：「就和尚請一轉問頭。」雪峰曰：「只恁麼為別有商量？」曰：「和尚恁麼即得？」雪峰曰：「於汝作麼生？」曰：「孤負殺人。」

雪峰有時謂眾曰：「堂堂密密地。」師出問曰：「是什麼堂堂密密？」雪峰起立曰：「道什麼？」師退步而立。雪峰垂語曰：「此事得恁麼尊貴，得恁麼綿密？」對曰：「道怤自到來數年，不聞和尚恁麼示誨。」雪峰曰：「我向前雖無，如今已有，莫有所妨麼？」曰：「不敢，此是和尚不已而已。」雪峰曰：「致使我如此。」師從此信入，而且隨眾。（中略）

一日，雪峰問師：「何處來？」曰：「從外來。」雪峰曰：「什麼處逢見達磨？」曰：「更什麼處？」雪峰曰：「未信汝在。」曰：「和尚莫恁麼粘膩好。」雪峰肯之。

師後遍歷諸方，益資權智。因訪曹山寂和尚，問：「什麼處來？」曰：「昨日離明水。」寂曰：「什麼時到明水？」曰：「和尚到時到。」寂曰：「汝道我什麼時到？」曰：「適來猶記得。」寂曰：「如是如是。」

師罷參，受請止越州鏡清禪苑，唱雪峰之旨，學者奔湊。（下略）（以上錄自《景德傳燈錄》卷十八，《大正藏》五十一．三四八頁下—三四九頁上）

附錄：語錄摘要

（一）問：「如何是玄中玄？」師曰：「不是是什麼？」曰：「還得當也

無？」師曰：「木頭也解語。」

（二）問：「如何是人無心合道？」師曰：「何不問道無心合人？」曰：「如何是道無心合人？」師曰：「白雲乍可來青嶂，明月那教下碧天。」

（三）師看經，僧問：「和尚看什麼經？」師曰：「我與古人鬥百草。」師卻問：「汝會麼？」曰：「小年也會恁麼來。」師曰：「如今作麼生？」僧舉拳。師曰：「我輸汝也。」（以上錄自《景德傳燈錄》卷十八，《大正藏》五十一．三四九頁上—中）

清涼文益（西元八八五—九五八年）

德山宣鑒——雪峰義存——玄沙師備——羅漢桂琛——清涼文益

昇州清涼院文益禪師，餘杭人也，姓魯氏。七歲依新定智通院全偉禪師落髮，弱齡稟具於越州開元寺，屬律匠希覺師，盛化于明州鄮山育王寺，師往預聽，習究其微旨，復傍探儒典，遊文雅之場。覺師目為我門之遊夏也。

師以玄機一發，雜務俱捐，振錫南邁，抵福州長慶（慧稜禪師，雪峰義存之法嗣）法會，雖緣心未息而海眾推之。尋更結侶，擬之湖外，既行，值天雨忽作，溪流暴漲，暫寓城西地藏院，因參（羅漢桂）琛和尚，琛問曰：「上座何往？」師曰：「邐迤行腳去。」曰：「行腳事作麼生？」師曰：「不知。」曰：「不知最親切。」師豁然開悟。與同行進山主等四人，因投誠咨決，悉皆契會，次第受記，各鎮一方。（中略）

子方上座，自長慶來，師舉先長慶稜和尚偈而問曰：「作麼生是『萬象之中獨露身』？」子方舉拂子。師曰：「恁麼會又爭得？」曰：「和尚尊意如何？」師曰：「喚什麼作萬象？」曰：「古人不撥萬象。」師曰：「萬象之中獨露身，說什麼撥不撥？」子方豁然悟解，述偈投誠。（下略）（以上錄自《景德傳燈錄》卷二十四，《大正藏》五十一．三九八頁中）

附錄：語錄摘要

（二）六處不知音

問：「六處不知音時如何？」師曰：「汝家眷屬一群子。」師又曰：「作麼生會，莫道恁麼來問，便是不得汝道。六處不知音，眼處不知音，耳處不知音，若也，根本是有，爭解無得。古人道：『離聲色著聲色，離名字著名字，所以無想天修得，經八萬大劫，一朝退墮，諸事儼然。』蓋為不知根本真實（中略）。」他古人猶道：「不如一念緣起無生，超彼三乘權學等見。」又道：「彈指圓成八萬門，剎那滅卻三祇劫。」（下略）

（二）指與月

僧問：「指即不問，如何是月？」師曰：「阿那箇是汝不問底指？」又僧問：「月即不問，如何是指？」師曰：「月。」曰：「學人問指，和尚為什麼對月？」師曰：「為汝問指。」

（三）但隨時節因緣

上堂示眾曰：出家人但隨時及節，便得寒即寒、熱即熱。欲知佛性義，當觀時節因緣。古今方便不少，不見石頭和尚因看《肇論》云：「會萬物為己者，其唯聖人乎？」他家便道：「聖人無己，靡所不己。」（中略）他又囑人云：「光陰莫虛度。」適來向上座道，但隨時及節便得，若也移時失候，即是虛度光陰，於非色中作色解。上座，於非色中作色解，即是移時失候。（下略）

（四）毫釐有差天地懸隔

師問修山主（撫州龍濟紹修禪師，羅漢桂琛法嗣）：「毫釐有差天地懸隔，兄作麼生會？」修曰：「毫釐有差天地懸隔。」師曰：「恁麼會又爭得？」修曰：「和尚如何？」師曰：「毫氂有差天地懸隔。」修便禮拜。（東禪齊拈云：山主恁麼祇對，為什麼不肯，及乎再請益，法眼亦只恁麼道，便得去，且道疑訛在什麼處？若看得透，道上坐有來由。）

（五）香匙

師與悟空禪師（金陵清涼休復禪師，羅漢桂琛法嗣）向火，拈起香匙問悟空云：「不得喚作香匙，兄喚作什麼？」悟空云：「香匙。」師不肯。悟空卻後二十餘日，方明此語。

（六）二僧捲簾

因僧齋前上參，師以手指簾，時有二僧同去捲簾，師曰：「一得一失。」

（七）諸法無當去

問：「如何得諸法無當去？」師曰：「什麼法當著上座？」曰：「爭奈日夕何？」師曰：「閑言語。」（以上七則錄自《景德傳燈錄》卷二十四，《大正藏》五十一・三九八頁下—三九九頁下）

天台德韶（西元八九一—九七二年）

德山宣鑒——雪峰義存——玄沙師備——羅漢桂琛——清涼文益——天台德韶

天台山德韶國師，處州龍泉人也，俗姓陳氏。母葉氏夢白光觸體，因而有娠，及誕，尤多奇異。年十五有梵僧勉令出家，十七依本州龍歸寺受業，十八納戒於信州開元寺。梁開平（西元九〇七—九一一年）中，遊方詣投子山，見大同禪師，乃發心之始。

次謁龍牙遁和尚，問：「雄雄之尊，為什麼近之不得？」龍牙曰：「如火與火。」曰：「忽遇水來，又作麼生？」龍牙曰：「汝不會。」師又問：「天不蓋，地不載，此理如何？」龍牙曰：「合如是。」師不喻旨，再請垂誨，龍牙曰：「道者，汝向後自會去。」

次問疎山曰：「百匝千重，是何人境界？」疎山曰：「左搓芒繩縛鬼子。」

師進曰：「不落古今請師說。」曰：「不說。」師曰：「為什麼不說？」曰：「箇中不辨有無。」師曰：「師今善說。」疎山駭之。

師如是歷參五十四善知識，皆法緣未契，最後至臨川，謁淨慧（文益）禪師，淨慧一見，深器之。師以遍涉叢林，亦倦於參問，但隨眾而已。

一日，淨慧上堂，有僧問：「如何是曹源一滴水？」淨慧曰：「是曹源一滴水。」僧惘然而退。師於坐側，豁然開悟，平生疑滯，渙若冰釋。遂以所悟聞于淨慧，淨慧曰：「汝向後當為國王所師，致祖道光大，吾不如也。」自是，諸方異唱，古今玄鍵，與之抉擇，不留微迹。

尋回本道，遊天台山，覩智者顗禪師遺蹤，有若舊居，師復與智者同姓，時謂之後身也。（下略）（以上錄自《景德傳燈錄》卷二十五，《大正藏》五十一．四〇七頁中—下）

附錄：語錄摘要

（一）塞卻眼、耳、鼻、舌、身、意

師上堂，舉古人云：「如何是禪？三界綿綿；如何是道？十方浩浩。」因什麼道三界綿綿？何處是十方浩浩底道理？要會麼，塞卻眼，塞卻耳，塞卻舌、身、意，無空闕處，無轉動處。上座作麼生會？橫亦不得、豎亦不得，縱亦不得、奪亦不得，無用心處，亦無施設處。若如是會得，始會法門絕擇，一切言語絕滲漏，曾有一僧問：作麼是絕滲漏底語？向他道：口似鼻孔。甚好上座，如此會，自然不通風去，如識得，盡十方世界是金剛眼睛。

（二）佛法現成

師上堂，示眾云：佛法現成，一切具足。古人道：「圓同太虛，無欠無餘。」若如是，且誰欠誰剩？誰是誰非？誰是會者？誰是不會者？所以道：東去亦是上座，西去亦是上座，南去亦是上座，北去亦是上座。上座因什麼得成東西南北？若會得，自然見聞覺知路絕，一切諸法現前。何故如此？為法身無相，觸目皆形。般若無知對緣而照，一時徹底會取好。

(三) 諸佛常出世

諸佛時常出世，時常說法度人，未曾間歇；乃至猿啼鳥叫，草木叢林，常助上座發機，未有一時不為上座。有如是奇特處，可惜許！諸上座，大家究取，令法久住世間。

(四) 諸佛法門常如是

諸佛法門，時常如是，譬如大海，千波萬浪，未曾暫住，未嘗暫有，未嘗暫無，浩浩地光明自在，宗三世於一毛端，圓古今於一念。應須徹底明達始得，不是問一則語記一轉話，巧作道理。（以上四則錄自《景德傳燈錄》卷二十五，《大正藏》五十一．四〇八頁下—四一〇頁中）

永明延壽（西元九〇四—九七五年）

德山宣鑒——雪峰義存——玄沙師備——羅漢桂琛——清涼文益——天台德韶——永明延壽

杭州慧日永明寺智覺禪師延壽，餘杭人也，姓王氏。總角之歲，歸心佛乘，既冠不茹葷，日唯一食，持《法華經》七行俱下，纔六旬，悉能誦之。感群羊跪聽。年二十八，為華亭鎮將，屬翠巖永明大師遷止龍冊寺，大闡玄化。時吳越文穆王，知師慕道，乃從其志，放令出家，禮翠巖為師。執勞供眾，都忘身宰，衣不繒纊，食無重味，野蔬布襦，以遣朝夕。

尋往天台山天柱峰，九旬習定，有鳥類尺鷃，巢於衣襵中。暨謁韶國師，一見而深器之，密授玄旨，仍謂師曰：「汝與元帥有緣，他日大興佛事。」密受記。

初住明州雪竇山，學侶臻輳。（中略）建隆元年（西元九六〇年），忠懿王請，入居靈隱山新寺，為第一世。明年復請，住永明大道場，為第二世，眾盈二千。（中略）

師居永明道場十五載，度弟子一千七百人。開寶七年（西元九七四年）入天台山度戒約萬餘人。常與七眾受菩薩戒，夜施鬼神食，朝放諸生類，不可稱算，六時散花，行道餘力，念《法華經》一萬三千部，著《宗鏡錄》一百卷，詩偈賦詠凡千萬言。（下略）（以上錄自《景德傳燈錄》卷二十六，《大正藏》五十一．四二一頁下—四二二頁上）

附錄：語錄摘要

（一）永明家風

僧問：「如何是永明妙旨？」師曰：「更添香著。」曰：「謝師指示。」師曰：「且喜勿交涉。」師有偈曰：

「欲識永明旨，門前一湖水；

日照光明生，風來波浪起。」

問：「學人久在永明，為什麼不會永明家風？」師曰：「不會處會取。」曰：「不會處如何會？」師曰：「牛胎生象子，碧海起紅塵。」（以上錄自《景德傳燈錄》卷二十六，《大正藏》五十一．四二一頁下—四二二頁上）

（二）佛語心為宗

問：若欲明宗，只合純提祖意，何用兼引諸佛菩薩言教，以為指南，故宗門中云：「借蝦為眼，無自己分，只成文字聖人，不入祖位。」

答：從上非是一向不許看教，恐慮不詳佛語，隨文生解，失於佛意，以負初心。（中略）且如西天上代二十八祖，此土六祖，乃至洪州馬祖大師，及南陽忠國師，鵝湖大義禪師，思空山本淨禪師等，並博通經論，圓悟自心，所有示徒，皆引誠證，終不出自胸臆，妄有指陳。（中略）故圭峰和尚云：「謂諸宗始祖，即是釋迦，經是佛語，禪是佛意，諸佛心口，必不相違。」（中略）今且錄一二，以證斯文：洪州馬祖大師云：「達磨大師從南天竺國來，唯傳大乘一心之法，以《楞伽經》印眾生心，恐不信此一心之法。《楞伽經》云：「佛語心為宗，無門為法門。」何故佛語心為宗？佛語心者，即心即佛，今語即是心語，故云「佛語心為宗」。無門為法門者，達本性空，更無一法；性自是門，性無有相，亦無有門，故云「無門為法門」。亦名空門，亦名色門。何以故？空是法性空，色是法性色，無形相故謂之空，知見無盡故謂之色。故云：「如來色無盡，智慧亦復然。」（中略）

南陽忠國師云：（中略）故《華嚴經》云：「應觀法界性，一切唯心造。」（中略）

鵝湖大義禪師（中略）云：《維摩經》云：「法離見聞覺知。」（中略）思空山本淨禪師語（中略）：《圓覺經》云：「妄認四大為自身相，六塵緣影為自心相。」《楞伽經》云：「不了心及緣，則生二妄想；了心及境界，妄想則不生。」（中略）

是故初祖西來，創行禪道，欲傳心印，須假佛經，以《楞伽》為證明。（中略）故《首楞嚴經》云：「圓明了知，不因心念，揚眉動目，早是周遮。」如先德頌云：「便是猶倍句，動目即差違。」（下略）（以上錄自《宗鏡錄》卷一，《大正藏》四十八．四一八頁上—四一九頁中）

天童宏智正覺（西元一〇九一—一一五七年）

洞山良价——雲居道膺——同安丕——同安志——梁山緣觀——大陽警玄——投子義青——芙蓉道楷——丹霞子淳——天童宏智正覺

明州天童宏智正覺禪師，隰州李氏子，母夢五台一僧解環與，環其右臂，乃孕，遂齋戒。及生，右臂特起若環狀。

七歲，日誦數千言。祖寂，父宗道，久參佛陀遜禪師，嘗指師，謂其父曰：「此子道韻勝甚，非塵埃中人，苟出家，必為法器。」

十一，得度於淨明本宗，十四具戒，十八遊方。訣其祖曰：「若不發明大事，誓不歸矣。」

及至汝州香山，（法）成枯木（也是芙蓉道楷法嗣）一見，深所器重。一日聞僧誦《蓮經》，至「父母所生眼，悉見三千界」，瞥然有省，即詣丈室，陳所悟，山指台上香合曰：「裡面是甚麼物？」師曰：「是甚麼心行？」山曰：「汝悟處又作麼生？」師以手畫一圓相呈之，復拋向後。山曰：「弄泥團漢，有什麼限？」師曰：「錯。」山曰：「別見人始得。」師應：「喏喏。」

即造丹霞，霞問：「如何是空劫已前自己？」師曰：「井底蝦蟆吞卻月，三更不借夜明簾。」霞曰：「未在，更道。」師擬議，霞打一拂子曰：「又道不借。」師言下釋然，遂作禮。霞曰：「何不道取一句？」師曰：「某甲今日失錢遭罪。」霞曰：「未暇打得你，且去。」

霞領大洪，師掌牋記，後命首眾，得法者已數人。四年，過圓通，時真歇初住長蘆，遣僧邀至。（中略）懇求說法，居第一座。六年，出住泗州普照，次補太平、圓通、能仁，及長蘆、天童。（中略）師住持以來，受無貪而施無厭，歲艱食竭，已有及贍眾之餘，賴全活者數萬。日常過午不食。（下略）（以上錄自《五燈嚴統》卷十四，《卍續藏》一三九．六一三頁上—六一五頁上）

附錄：語錄摘要

（一）釋迦應現三種相

上堂：「今日是釋迦老子降誕之辰，長蘆（時師住處）不解說禪，與諸人畫箇樣子：祇如在摩耶胎時，作麼生？」以拂子畫此◉相。曰：「祇如以清淨水，浴金色身時，又作麼生？」復畫此㊌相。曰：「祇如周行七步、目顧四方，指天指地，成道說法，神通變化，智慧辯才，四十九年，三百餘會，說青道黃，指東畫西，入般涅槃時，又作麼生？」乃畫此⊕相。復曰：「若是具眼衲僧，必也相許，其或未然，一一歷過始得。」

（二）來與去

僧問：「如何是向去底人？」師曰：「白雲投壑盡，青嶂倚空高。」

曰：「如何是卻來底人？」師曰：「滿頭白髮離巖谷，半夜穿雲入市鄽。」

曰：「如何是不來不去底人？」師曰：「石女喚回三界夢，木人坐斷六門機。」

乃曰：「句裡明宗則易，宗中辨的則難。」良久曰：「還會麼？凍雞未報家林曉，隱隱行人過雪山。」（以上二則錄自《五燈嚴統》卷十四，《卍續藏》一三九．六一四頁上—下）

（三）大慧宗杲評介默照禪

以無言無說、良久默然，為空劫已前事。教人休去歇去，歇教如土木瓦石相似去。又怕人道，坐在黑山下鬼窟裡，隨後便引祖師語證據云：了了常知故，言之不可及；歇得如土木瓦石相似時，不是冥然無知，直是惺惺歷歷，行住坐臥，時時管帶，但只如此修行，久久自契本心矣。（以上錄自《大慧普覺禪師語錄》卷十四，《大正藏》四十七．八六七頁中）

（四）自述默照禪

大休大歇底，口邊醭生，舌上草出，直下放教盡去。洗得淨潔，磨得精瑩，如秋在水，如月印空。恁麼湛湛明明，更須知有轉身路子。轉得身時，別無面孔教爾辨白。無辨白處，卻昧不得。箇是徹頂透底、窮根極源時節，千聖萬聖，無異蹊轍。妙在回途，借路著腳，明中有暗，用處無跡。百草頭，鬧市裡，飄飄揚身，堂堂運步，自然騎聲跨色，超聽越眺，恁麼混成，方是衲僧門下事。

心本絕緣，法本無說，佛佛祖祖不獲已，向第二義門，有問答機警。就其間，剔撥一等鈍漢。所以德山道：「我宗無語句，亦無一法與人。」元是人人自到自肯，始有說話分。但直下排洗妄念塵垢，塵垢若淨，廓然瑩明，無涯畛，無中邊；圓混混，光皎皎，照徹十方，坐斷三際。一切因緣語言，到此著塵點不得。唯默默自知，靈靈獨耀，與聖無異，於凡不減。元只是舊家一段事，何曾有分外得底，喚作真實田地？恁麼證底漢，便能應萬機，入諸境，妙用靈通，自然無礙矣。（以上錄自《宏智禪師廣錄》卷六，《大正藏》四十八．七十八頁中）

（五）憑溫舒介紹正覺禪師

天童老人，蚤以英妙發聞漢東，道法寖盛於江淮，大被於吳越。經行所暨，都邑為傾。一時名勝之流，爭趨之，如不及也。建炎（西元一一二七—一一三〇年）末，應緣補處太白之麓，海隅斗絕，結屋安禪，會學去來，常以千數。師方導眾以寂，兀如枯株，而屨滿戶外。不容終默，故當正座舉揚，或隨叩而酬以法要，或因理而畢其緒言。門人躡音，輒為紀錄，歲月未幾，溢于簡編。（下略）（以上錄自《宏智禪師廣錄》卷五〈天童覺和尚小參語錄序〉，《大正藏》四十八．五十七頁中）

第八篇

臨濟至楊岐的禪師

臨濟義玄（西元？——八六七年）

南嶽懷讓——馬祖道一——百丈懷海——黃檗希運——臨濟義玄

鎮州臨濟義玄禪師，曹州南華人也，姓邢氏。幼負出塵之志，及落髮進具，便慕禪宗。

初在黃檗，隨眾參侍，時堂中第一座，勉令問話，師乃問：「如何是祖師西來的的意？」黃檗便打。如是三問三遭打，遂告辭第一座云：「早承激勸問話，唯蒙和尚賜棒，所恨愚魯，且往諸方行腳去。」

上座遂告黃檗云：「義玄雖是後生，卻甚奇特，來辭時，願和尚更垂提誘。」

來日，師辭黃檗，黃檗指往大愚。師遂參大愚。愚問曰：「什麼處來？」曰：「黃檗來。」愚曰：「黃檗有何言教？」曰：「義玄親問西來的的意，蒙和尚便打；如是三問，三轉被打，不知過在什麼處？」愚曰：「黃檗恁麼老婆，為汝得徹困，猶覓過在。」師於是大悟云：「佛法也無多子。」愚乃搊師衣領云：「適來道我不會，而今又道無多子，是多少來，是多少來？」師向愚肋下打一拳，愚托開云：「汝師黃檗，非干我事。」

師卻返黃檗，黃檗問云：「汝迴太速生。」師云：「只為老婆心切。」黃檗云：「遮大愚老漢，待見與打一頓。」師云：「說什麼待見，即今便打。」遂鼓黃檗一掌。黃檗哈哈大笑。

黃檗一日普請鋤薏穀次，師在後行。黃檗迴頭見師空手，乃問：「钁頭在什麼處？」師云：「有人將去了也。」黃檗云：「近前來，共汝商量。」師近前叉手，黃檗豎起钁頭云：「只這箇天下人拈掇不起，還有人拈掇得起麼？」師就手掣得，豎起云：「為什麼卻在義玄手裡？」黃檗云：「今日自有人普請。」便歸院。

黃檗一日普請鋤茶園，黃檗後至。師問訊，按钁而立。黃檗曰：「莫是困邪？」曰：「才钁地，何言困。」黃檗舉拄杖便打，師接杖，推倒和尚。黃檗呼：「維那！維那！拽起我來。」維那拽起曰：「和尚爭容得這風漢？」黃檗卻打維那。師自钁地云：「諸方即火葬，我遮裡活埋。」

師一日在黃檗僧堂裡睡，黃檗入來，以拄杖於床邊敲三下，師舉首，見是和尚，卻睡。黃檗打席三下，去上間，見第一座，黃檗曰：「遮醉漢，豈不如下間禪客坐禪，汝只管瞌睡。」上座曰：「遮老和尚患風邪？」黃檗打之。（中略）

師因半夏上黃檗山，見和尚看經，師曰：「我將謂是箇人，元來是唵黑豆老和尚。」住數日乃辭去。黃檗曰：「汝破夏來，不終夏去。」曰：「某甲暫來，禮拜和尚。」黃檗遂打，趁令去。（中略）

師一日辭黃檗，黃檗曰：「什麼處去？」曰：「不是河南即河北去。」黃檗拈起拄杖便打，師捉住拄杖曰：「遮老漢，莫盲枷瞎棒，已後錯打人。」黃檗喚：「侍者，把將几案禪板來。」師曰：「侍者，把將火來。」黃檗曰：「不然，子但將去，已後坐斷天下人舌頭在。」師即便發去。（下略）（以上錄自《景德傳燈錄》卷十二，《大正藏》五十一．二九〇頁上—下）

附錄：語錄摘要

（一）不求佛果

道流，心法無形，通貫十方。在眼曰見，在耳曰聞，在鼻嗅香，在口談論，在手執捉，在足運奔。本是一精明，分為六和合。一心既無，隨處解脫。山僧與麼說，意在什麼處？祇為道流，一切馳求，心不能歇，上他古人閑機境。

道流，取山僧見處，坐斷報化佛頭。十地滿心猶如客作兒，等、妙二覺擔枷鎖漢，羅漢辟支猶如廁穢，菩提涅槃如繫驢橛。何以如此？祇為道流不達三祇劫空，所以有此障礙。若是真正道人，終不如是，但能隨緣消舊業，任運著衣裳，要行即行，要坐即坐，無一念心，希求佛果。緣何如此？古人云：若欲作業求佛，佛是生死大兆。（以上錄自《鎮州臨濟慧照禪師語錄》，《大正藏》四十七・四九七頁下）

（二）六度萬行唯造業

爾諸方言道，有修有證，莫錯。設有修得者，皆是生死業。

爾言六度萬行齊修，我見皆是造業：求佛求法，即是造地獄業；求菩薩亦是造業；看經看教亦是造業。

佛與祖師是無事人，所以有漏有為，無漏無為，為清淨業。

有一般瞎禿子，飽喫飯了，便坐禪觀行，把捉念漏，不令放起，厭喧求靜，是外道法。祖師云：「爾若住心看靜，舉心外照，攝心內澄，凝心入定，如是之流，皆是造作。」

是爾如今與麼聽法底人，作麼生擬修他、證他、莊嚴他？渠且不是修底物，不是莊嚴得底物。若教他莊嚴，一切物即莊嚴得，爾且莫錯。（以上錄自《鎮州臨濟慧照禪師語錄》，《大正藏》四十七．四九九頁中）

（三）不勞分別取相

道流，真佛無形，真法無相。爾祇麼幻化上頭作模作樣？設求得者，皆是野狐精魅，並不是真佛，是外道見解。

夫如真學道人，並不取佛，不取菩薩、羅漢，不取三界殊勝。逈無獨脫，不與物拘；乾坤倒覆，我更不疑。十方諸佛現前，為一念心喜；三塗地獄頓現，無一念心怖。緣何如此？我見諸法空相，變即有，不變即無。三界唯心，萬法唯識，所以夢幻空花，何勞把捉？唯有道流目前。現今聽法底人，入火不燒，入水不溺；入三塗地獄，如遊園觀；入餓鬼、畜生而不受報。緣何如此？無嫌底法，爾若愛聖憎凡，生死海裡沉浮，煩惱由心故有，無心煩惱何拘？

不勞分別取相，自然得道須臾。爾擬傍家波波地學得，於三祇劫中，終歸生死。不如無事，向叢林中、床角頭，交腳坐。（以上錄自《鎮州臨濟慧照禪師語錄》，《大正藏》四十七·五〇〇頁上）

（四）逢著便殺

道流，爾欲得如法見解，但莫受人惑。向裡向外，逢著便殺：逢佛殺佛、逢祖殺祖、逢羅漢殺羅漢、逢父母殺父母、逢親眷殺親眷，始得解脫。不與物拘，透脫自在。

如諸方學道流，未有不依物出來底。山僧向此間，從頭打——手上出來手上打，口裡出來口裡打，眼裡出來眼裡打，未有一箇獨脫出來底，皆是上他古人閑機境。

山僧無一法與人，祇是治病解縛。爾諸方道流，試不依物出來，我要共爾商量。十年五歲，並無一人，皆是依草附葉、竹木精靈、野狐精魅，向一切糞塊上亂咬。瞎漢！枉消他十方信施，道我是出家兒。作如是見解，向爾道：無佛無法，無修無證，祇與麼傍家擬求什麼物？瞎漢！頭上安頭，是爾欠少什麼？

道流，是爾目前用底，與祖佛不別，祇麼不信，便向外求？莫錯！向外無法，內亦不可得。爾取山僧口裡語，不如休歇無事去。

已起者莫續，未起者不要放起，便勝爾十年行腳。

約山僧見處，無如許多般，祇是平常著衣、喫飯，無事過時。（下略）（以上錄自《鎮州臨濟慧照禪師語錄》，《大正藏》四十七．五〇〇頁中—下）

（五）諸祖接人高峻．臨濟有著衣方便

道流，山僧佛法，的的相承。從麻谷和尚（寶徹，馬祖道一法嗣）、丹霞和尚（天然，石頭希遷法嗣）、道一和尚（南嶽懷讓法嗣）、廬山（歸宗智常禪師，馬祖道一法嗣）、拽石頭和尚（希遷，青原行思法嗣），一路行遍天下，無人信得，盡皆起謗。

如道一和尚用處，純一無雜，學人三百、五百，盡皆不見他意。如廬山和

尚，自在真正順逆用處，學人不測涯際，悉皆茫然。如丹霞和尚，翫珠隱顯，學人來者，皆悉被罵。如麻谷用處，苦如黃檗，近傍不得。如石鞏（慧藏，馬祖法嗣）用處，向箭頭上覓人，來者皆懼。

如山僧今日用處，真正成壞，翫弄神變，入一切境，隨處無事，境不能換。但有來求者，我即便出看渠，渠不識我，我便著數般衣。學人生解，一向入我言句。苦哉，瞎禿子，無眼人，把我著底衣，認青黃赤白。我脫卻，入清淨境中，學人一見，便生忻欲；我又脫卻，學人失心，茫然狂走，言我無衣。我即向渠道，爾識我著衣底人否？忽爾回頭，認我了也。（下略）（以上錄自《鎮州臨濟慧照禪師語錄》，《大正藏》四十七．五〇一頁中—下）

（六）遇著便打

臨濟見僧來，舉起拂子，僧禮拜，師便打。別僧來，師舉拂子，僧並不顧，師亦打。又一僧來參，師舉拂子，僧曰：「謝和尚見示。」師亦打。（以上錄自《景德傳燈錄》卷二十七，《大正藏》五十一．四三六頁中）

風穴延沼（西元八九六—九七三年）

臨濟義玄——興化存獎——南院慧顒——風穴延沼

汝州風穴延沼禪師，餘杭劉氏子，幼不茹葷。習儒典，應進士，一舉不遂，乃出家。依本州開元寺智恭披削受具，習天台止觀。

年二十五，謁（越州）鏡清（順德大師），清問：「近離甚處？」師曰：「自離東來。」清曰：「還過小江也無？」師曰：「大舸獨飄空，小江無可濟。」清曰：「鏡水秦山，鳥飛不度，子莫道聽途言。」師曰：「滄溟尚怯艨艟勢，列漢飛帆渡五湖。」清竪拂子曰：「爭奈這箇何？」師曰：「這箇是甚麼？」清曰：「果然不識。」師曰：「出沒卷舒與師同用。」清曰：「杓卜聽虛聲，熟睡饒讇語。」師曰：「澤廣藏山，理能伏豹。」清曰：「捨罪放愆，速須出去。」師曰：「出去即失。」便出到法堂。（下略）（《五燈會元》卷十一，《卍續藏》一三八．

四〇五頁上）

初發跡於越州鏡清順德大師，未臻堂奧，尋詣襄州華嚴院，遇守廓上坐，即汝州南院（慧顒）侍者也，乃密探南院宗旨。

後至南院，初見不禮拜，便問曰：「入門須辨主，端的請師分。」南院以左手拊膝，師喝。南院以右手拊膝，師又喝。南院舉左手曰：「遮箇即從闍黎。」又舉右手曰：「遮箇又作麼生？」師曰：「瞎。」南院擬拈拄杖次，師曰：「作什麼？奪拄杖打著老和尚，莫言不道。」南院曰：「三十年住持，今日被黃面淅子上門羅織。」師曰：「和尚大似持鉢不得，詐道不饑。」南院曰：「闍黎幾時曾到南院來？」師曰：「是何言歟？」曰：「老僧端的問汝。」師曰：「也不得放過。」南院曰：「且坐喫茶。」師方敍師資之禮。（下略）（以上錄自《景德傳燈錄》卷十三，《大正藏》卷五十一．三〇二頁中）

院曰：「闍黎曾見甚麼人來？」師曰：「在襄州華嚴，與廓侍者同夏。」院曰：「親見作家來。」院問：「南方一棒作麼商量？」師曰：「作奇特商量。」師卻問：「和尚此間一棒作麼商量？」院拈拄杖曰：「棒下無生忍，臨機不見師。」師於言下，大徹玄旨，遂依止六年。四眾請主風穴。（下略）（以上錄自《五

燈會元》卷十一，《卍續藏》一三八．四〇六頁上）

附錄：語錄摘要

（一）參學眼目

夫參學眼目，臨機直須大用現前，勿自拘於小節。設使言前薦得，猶是滯殼迷封。縱然句下精通，未免觸途狂見。觀汝諸人，應是向來依他作解，明昧兩岐，與爾一時掃卻。直教箇箇如師子兒，吒呀地哮吼一聲，壁立千仞。誰敢正眼覷著，覷著即瞎卻渠眼。（以上錄自《景德傳燈錄》卷十三，《大正藏》五十一．三〇二頁中）

（二）禪偈

1.問：「朗月當空時如何？」

師曰：「不從天上輥，任向地中埋。」

2.問：「古曲無音韻，如何和得齊？」

師曰：「木雞啼子夜，芻狗吠天明。」

3.問：「如何是佛？」
師曰：「嘶風木馬緣無絆，背角泥牛痛下鞭。」
4.問：「如何是和尚家風？」
師曰：「鶴有九皋難翥翼，馬無千里謾追風。」
5.問：「如何是學人立身處？」
師曰：「井底泥牛吼，林間玉兔驚。」
6.問：「正當恁麼時如何？」
師曰：「盲龜值木雖優穩，枯木生華物外春。」
7.問：「王道與佛道相去幾何？」
師曰：「芻狗吠時天地合，木雞啼後祖燈輝。」
8.問：「如何是臨機一句？」
師曰：「因風吹火，用力不多。」
9.問：「有無俱無去處時如何？」
師曰：「三月懶遊花下路，一家愁閉雨中門。」
10.問：「語默涉離微，如何通不犯？」

師曰：「常憶江南三月裡，鷓鴣啼處百花香。」

11.問：「不修禪定，為甚麼成佛無疑？」

師曰：「金雞專報曉，漆桶夜生光。」（以上錄自《五燈會元》卷十一，《卍續藏》一三八．四〇六頁下—四〇九頁上）

首山省念（西元九二六－九九三年）

臨濟義玄——興化存獎——南院慧顒——風穴延沼——首山省念

汝州首山省念禪師，萊州狄氏子，受業於本郡南禪寺，纔具尸羅，遍遊叢席，常密誦《法華經》，眾目為念法華也。

晚於風穴會中充知客，一日侍立次，穴乃垂涕告之曰：「不幸臨濟之道，至吾將墜於地矣。」師曰：「觀此一眾，豈無人邪？」穴曰：「聰明者多，見性者少。」師曰：「如某者如何？」穴曰：「吾雖望子之久，猶恐耽著此經，不能放下。」師曰：「此亦可事，願聞其要。」穴遂上堂，舉世尊以青蓮目顧視大眾，乃曰：「正當恁麼時，且道說箇什麼？若道不說而說，又是埋沒先聖，且道說箇什麼？」師乃拂袖下去。穴擲下拄杖歸方丈。侍者隨後請益曰：「念法華，因甚不祇對和尚？」穴曰：「念法華會也。」

次日，師與真園頭（汝州廣慧真禪師）同上問訊次，穴問真曰：「作麼生是世尊不說說？」真曰：「鵓鳩樹頭鳴。」穴曰：「汝作許多癡福作麼，何不體究言句？」又問師曰：「汝作麼生？」師曰：「動容揚古路，不墮悄然機。」穴謂真曰：「汝何不看念法華下語？」師受風穴印可之後，泯迹韜光，人莫知其所以。（中略）開法首山為第一世也。（下略）（以上錄自《五燈嚴統》卷十一，《卍續藏》一三九．四八三頁上—下）

附錄：語錄摘要

（一）僧問：「如何是和尚家風？」師曰：「一言截斷千江口，萬仞峰前始得玄。」問：「如何是首山境？」師曰：「一任眾人看。」僧曰：「如何是境中人？」師曰：「喫棒得也未？」僧禮拜。

（二）問：「古人拈槌豎拂，意旨如何？」師曰：「孤峰無宿客。」僧曰：「未審意旨如何？」師曰：「不是守株人。」

（三）問：「一樹還開華也無？」師曰：「開來久矣。」僧曰：「未審還結子也無？」師曰：「昨夜遭霜了。」

（四）問：「臨濟喝，德山棒，未審明得什麼邊事？」師曰：「汝試道看。」僧喝，師曰：「瞎。」僧再喝，師曰：「遮瞎漢只麼亂喝作麼？」僧禮拜，師便打。

（五）問：「如何是古佛心？」師曰：「鎮州蘿蔔重三斤。」

（六）問：「學人久處沉迷，請師一接。」師曰：「老僧無恁麼閑功夫。」僧曰：「和尚為什麼如此？」師曰：「要行即行，要坐即坐。」（以上錄自《景德傳燈錄》卷十三，《大正藏》五十一．三〇四頁上—下）

汾陽善昭

（西元九四七－一〇二四年）

臨濟義玄——興化存獎——南院慧顒（汝州寶應）——風穴延沼——首山省念——汾陽善昭

汾州太子院善昭禪師，太原俞氏子，剃髮受具，杖策遊方，所至少留，隨機叩發，歷參知識，七十一員。後到首山，問：「百丈卷席，意旨如何？」山曰：「龍袖拂開全體現。」曰：「師意如何？」山曰：「象王行處絕狐蹤。」師於言下大悟。拜起而曰：「萬古碧潭空界月，再三撈摝始應知。」有問者曰：「見何道理，便爾自肯？」師曰：「正是我放身命處。」

後遊衡湘及襄沔間，每為郡守以名剎力致，前後八請，堅臥不答。洎首山歿，西河道俗，遣僧契聰，迎請住持。（下略）（以上錄自《五燈嚴統》卷十一，《卍續藏》一三九．四八六頁下）

附錄：語錄摘要

（一）四賓主

問：「如何是賓中賓？」
師曰：「合掌庵前問世尊。」
曰：「如何是賓中主？」
師曰：「對面無儔侶。」
曰：「如何是主中賓？」
師曰：「陣雲橫海上，拔劍攪龍門。」
曰：「如何是主中主？」
師曰：「三頭六臂驚天地，忿怒那吒撲帝鍾。」（以上錄自《景德傳燈錄》卷十三，《大正藏》五十一．三〇五頁上）

（二）三決

第一決：接引無時節，巧語不能詮，雲綻青天月。

第二決：舒光辨賢哲，問答利生心，拔卻眼中楔。

第三決：西國胡人說，濟水過新羅，白地用鑌鐵。

(三) 三玄

第一玄：法界廣無邊，參羅及萬象，總在鏡中圓。

第二玄：釋尊問阿難，多聞隨事答，應器量無邊。

第三玄：直出古皇前，四句百非外，閭氏問豐干。（以上錄自《汾陽善昭禪師語錄》卷上，《卍續藏》一二〇．八十九頁下）

(四) 三要

第一要：根境俱亡絕朕兆，山崩海竭洒颺塵，蕩盡寒灰始為玅。

第二要：鈎錐察弁呈巧玅，縱去奪來掣電機，透匣七星光晃耀。

第三要：不用垂鈎不下鈎，臨機一曲楚歌聲，聞了盡皆悉返照。（以上錄自《汾陽善昭禪師語錄》卷下，《卍續藏》一二〇．一五七頁上—下）

（五）洞山五位頌（略，見《汾陽善昭禪師語錄》卷上，《卍續藏》一二〇．一〇六頁下—一〇七頁下）

（六）坐禪

閉戶疎慵叟，為僧樂坐禪，一心無雜念，萬行自通玄。（下略）（以上錄自《汾陽善昭禪師語錄》卷下，《卍續藏》一二〇．一五六頁上）

慈明楚圓（西元九八六—一〇三九年）

臨濟義玄——興化存獎——南院慧顒——風穴延沼——首山省念——汾陽善昭——慈明楚圓

潭州石霜楚圓慈明禪師，全州李氏子，少為書生，年二十二，依湘山隱靜寺出家。其母有賢行，使之遊方，聞汾陽道望，遂往謁焉。

陽顧而默器之，經二年，未許入室，每見必罵詬，或毀詆諸方，及有所訓，皆流俗鄙事。一夕訴曰：「自至法席已再夏，不蒙指示，但增世俗塵勞念，歲月飄忽，己事不明，失出家之利。」語未卒，陽熟視罵曰：「是惡知識，敢裨販我！」怒舉杖逐之。師擬伸救，陽掩師口，乃大悟曰：「是知臨濟道出常情。」服役七年，辭去。

依唐明嵩禪師（并州承天院三交智嵩，省念法嗣），嵩謂師曰：「楊大年內翰（廣慧璉法嗣楊億），知見高，入道穩實，子不可不見。」師乃往見大年，年問曰：「對面不相識，千里卻同風。」師曰：「近奉山門請。」年曰：「真箇脫空。」師曰：「前月離唐明。」年曰：「適來悔相問。」師曰：「作家。」年便喝。師曰：「恰是。」年復喝。師以手劃一劃，年吐舌曰：「真是龍象。」師曰：「是何言歟。」年喚客司：「點茶來，元來是屋裡人。」師曰：「也不消得。」茶罷又問：「如何是上座為人一句？」師曰：「切。」年曰：「與麼，則長裙新婦拖泥走。」師曰：「誰得似內翰？」年曰：「作家，作家。」師曰：「放你二十棒。」年拊膝曰：「這裡是甚麼所在？」師拍掌曰：「也不得放過。」年大笑。（中略）

（楊大年）朝中見駙馬都尉李公遵勗曰：「近得一道人，真西河師子。」（中略）（師）自是往來楊李之門，以法為友，久之辭還河東。（中略）

謁神鼎諲禪師（省念法嗣，潭州），鼎首山高第，望尊一時，衲子非人類精奇，無敢登其門者，住山三十年，門弟子氣吞諸方。師髮長不剪，弊衣楚音，通謁稱法姪，一眾大笑。鼎遣童子問：「長老誰之嗣？」師仰視屋曰：「親見汾陽來。」鼎杖而出，顧見頎然，問曰：「汾州有西河師子，是否？」師指其後，絕叫曰：「屋倒矣！」童子返走，鼎回顧相矍鑠，師地坐，脫隻履而視之，鼎老忘所問，又失師所在，師徐起整衣，且行且語曰：「見面不如聞名。」遂去。鼎遣人追之不可，歎曰：「汾州乃有此兒邪。」師自是名重叢林。（下略）（以上錄自《五燈嚴統》卷十二，《卍續藏》一三九．四九五頁下—四九七頁下）

附錄：語錄摘要

（一）無事人

次住石霜，當解夏，謂眾曰：昨日作嬰孩，今朝年已老。未明三八九，難踏古皇道。手鑠黃河乾，腳踢須彌倒。浮生夢幻身，人命夕難保。天堂并地獄，皆由心所造。南山北嶺松，北嶺南山草。一雨潤無邊，根苗壯枯槁。五湖參學人，但問虛空討。死脫夏天衫，生披冬月襖。分明無事人，特地生煩惱。（以上錄自《五燈嚴統》卷十二，《卍續藏》一三九．四九八頁上）

（二）罵諸祖

馬大師即心即佛，當人未悟。盤山非心非佛，只成戲論之談。雪嶺輥毬，誑誂小兒之作。雲門顧鑑，笑煞傍觀。少室自傷，一場大錯。德山入門便棒，未遇奇人。臨濟入門便喝，太煞輕薄。黃梅呈頌，人我未忘。更言祖祖相傳，遞相誹謗。到者裡，須是箇人始得。所以道：「鷹生鷹子，鶻生鶻兒。」然雖如此，也是鞏縣茶缾。（以上錄自《石霜楚圓禪師語錄》，《卍續藏》一二〇．一六五頁上）

（三）言說是方便

上堂云：法本無言，因言而顯道；道本無說，假說而明真。所以諸佛出世，善巧多方，一大藏教，應病與藥。三玄三要，只為根器不同，四揀四料，包含萬象。你道「海納百川」一句，作麼生道？（下略）（以上錄自《石霜楚圓禪師語錄》，《卍續藏》一二〇．一七四頁下）

（四）頌三決三句

第一決：大地山河泄，維摩才點頭，文殊便饒舌。

第二決：展拓看時節，語默豈相干，夜半秋天月。

第三決：山遠路難涉，陸地弄舟行，眼中挑日月。

第一句：天上他方皆罔措，俱輪顛倒論多端，巍巍未到尼拘樹。
第二句：臨濟德山涉路布，未過新羅棒便揮，達者途中亂指注。
第三句：維摩示疾文殊去，對談一默震乾坤，直至而今作笑具。（以上錄自《石霜楚圓禪師語錄》，《卍續藏》一二〇．一八三頁上）

（五）頌三玄、三要、五位（略，參見《石霜楚圓禪師語錄》，《卍續藏》一二〇．一八三頁上—下）

（六）語錄

1. 問：「如何是古佛家風？」師云：「銀蟾初出海，何處不分明？」進云：「還許學人請益也無？」師云：「大海無邊際，不宿水雲人。」
2. 問：「如何是佛法大意？」師云：「侯伯乘鞍馬，村翁刺杖行。」
3. 問：「如何是佛？」師云：「瀟湘班竹杖。」
4. 問：「達磨未來時如何？」師云：「長安夜夜家家月。」進云：「來後如何？」師云：「幾處笙歌幾處愁。」

5.問：「如何是佛？」師云：「人老病生。」

6.問：「如何是佛？」師云：「石打不入。」

7.問：「蓮花未出水時如何？」師云：「水深蓋不得。」進云：「出水後如何？」師云：「不礙往來看。」進云：「花開後如何？」師云：「南北馨香。」進云：「結子後如何？」師云：「餧魚餧鼈。」

8.問：「如何是祖師西來意？」師云：「三日風五日雨。」

9.問：「黑豆未生芽時如何？」師云：「黑似漆。」進云：「生後如何？」師云：「撐天拄地。」

10.問：「如何是禪？」師云：「鼻孔入地。」

11.問：「如何是佛？」師云：「蓮華捧足。」

12.問：「如何是佛？」師云：「水出高源。」

13.問：「如何是道？」師云：「蹋著不瞋。」進云：「如何是道中人？」師云：「胸駝背負。」

14.問：「如何是佛法大意？」師云：「一畝之地，三蛇九鼠。」（以上錄自《石霜楚圓禪師語錄》，《卍續藏》一二〇．一六二頁下——一六七頁下）

黃龍慧南（西元一〇〇二—一〇六九年）

臨濟義玄——興化存獎——南院慧顒——風穴延沼——首山省念——汾陽善昭——慈明楚圓——黃龍慧南

隆興府黃龍慧南禪師，信州章氏子，依泐潭澄禪師，分座接物，名振諸方。偶同雲峰悅禪師遊西山，夜話雲門法道，峰曰：「澄公雖是雲門之後，法道異矣。」師詰其所以異。峰曰：「雲門如九轉丹砂，點鐵成金；澄公藥汞銀，徒可翫入，煅則流去。」（中略）師挽之曰：「若如是，則誰可汝意？」峰曰：「石霜圓，手段出諸方，子宜見之，不可後也。」（中略）（師）遂登衡嶽，乃謁福嚴賢，賢命掌書記，俄賢卒，郡守以慈明補之。既至，目其貶剝諸方，件件數為邪解，師為之氣索。遂造其室（中略），明曰：「公學雲門禪，必善其旨，如云『放洞山三頓棒』，是有喫棒分，無喫棒分？」師曰：「有喫棒分。」明色莊曰：「從朝至暮，鵲噪鴉鳴，皆應喫棒。」明即端坐，受師炷香作禮。明復問：「趙州道：『台山婆子我為汝勘破了也。』且那裡是他勘破婆子處？」師汗下不能加答。次日又詣，明詬罵不已，師曰：「罵豈慈悲法施耶？」明曰：「你作罵會那！」師於言下大悟。作頌曰：

「傑出叢林是趙州，老婆勘破沒來由；
而今四海清如鏡，行人莫與路為讎。」

呈慈明，明頷之，後開法同安。（下略）（以上錄自《五燈嚴統》卷十七，《卍續藏》一三九．七四四頁上—下）

附錄：語錄摘要

（一）光影

上堂云：摩尼在掌，隨眾色以分輝；寶月當空，逐千江而現影。諸仁者：一問一答，一棒一喝，是光影；一明一暗，一擒一縱，是光影；山河大地是光影；日月星辰是光影，三世諸佛一大藏教，乃至諸大祖師，天下老和尚，門庭敲磕，千差萬別，俱為光影。且道：何者是珠，何者是月？若也，不識珠之與月，念言念句，認光認影，猶如入海算沙，磨磚作鏡，希其數而欲其明，萬不可得。豈不見道：若也，廣尋文義，猶如鏡裡求形；更乃息念觀空，大似水中捉月。

（二）放過臨濟

上堂，舉臨濟問監院：「什麼處去來？」院云：「州中糶黃米來。」臨濟以拄杖面前劃一劃云：「還糶得這箇麼？」院便喝，濟便打。典座至，濟乃舉前話，典座云：「院主不會和尚意。」濟云：「你又作麼生？」典座便禮拜，濟亦打。（慧南）師云：「喝亦打，禮拜亦打，還有親疎也無？若無親疎，臨濟不可盲枷瞎棒去也。若是歸宗（時慧南住持歸宗）即不然，院主下喝，不可放過，典座禮拜，放過不可。」又云：「臨濟行令，歸宗放過，三十年後，有人說破。」

（三）日用如雲水

上堂云：入海算沙，空自費力，磨磚作鏡，枉用功夫。君不見，高高山上雲，自卷自舒，何親何疎；深深澗底水，遇曲遇直，無彼無此。眾生日用如雲水，雲水如然人不爾，若得爾，三界輪迴何處起？

(四) 有為無為俱不受

上堂云：有一人朝看《華嚴》暮看《般若》，晝夜精勤，無有暫暇。有一人不參禪不論義，把箇破席日裡睡。於此二人，同到黃龍，一人有為，一人無為，安下那箇即是？良久云：功德天，黑暗女，有智主人，二俱不受。

(五) 轉身路

上堂云：擬心即差，動念即乖；不擬不動，土木無殊。行腳人，須得轉身一路。遂拈拂子云：遮箇是山僧拂子，汝等諸人，作麼生轉？若也轉得，一為無量，無量為一；若轉不得，布袋裡老鴉，雖活如死。（以上五則錄自《黃龍慧南禪師語錄》，《卍續藏》一二〇．一九〇頁下—二〇二頁上）

黃龍祖心（西元一〇二五—一一〇〇年）

黃龍慧南——黃龍祖心

隆興府黃龍祖心寶覺禪師，南雄鄔氏子，參雲峰悅禪師，三年無所得。辭去，悅曰：「必往依黃檗南禪師。」師至黃檗，四年不大發明，又辭，再上雲峰。會悅謝世，就止石霜，因閱《傳燈》，至僧問多福：「如何是多福一叢竹？」福曰：「一莖兩莖斜。」曰：「不會。」福曰：「三莖四莖曲。」師於此開悟，徹見二師用處。徑回黃檗，方展坐具，檗曰：「子已入吾室矣。」師踴躍曰：「大事本來如是，和尚何得教人看話，百計搜尋？」檗曰：「若不教你如此究尋，到無心處自見自肯，即吾埋沒汝也。」（下略）（以上錄自《五燈嚴統》卷十七，《卍續藏》一三九．七四六頁下—七四七頁上）

楊岐方會（西元九九六—一〇四九年）

臨濟義玄——興化存獎——南院慧顒——風穴延沼——首山省念——汾陽善昭——慈明楚圓——楊岐方會

袁州楊岐方會禪師，郡之宜春冷氏子，少警敏，及冠不事筆硯，繫名征商課，最坐不職，乃宵遯入瑞州九峰，恍若舊遊，眷不忍去，遂落髮。每閱經，心融神會，能折節，扣參老宿。

慈明自南源，徙道吾石霜，師皆佐之，總院事。依之雖久，然未有省發，每咨參，（慈）明曰：「庫司事繁，且去。」他日又問，（慈）明曰：「監寺異時兒孫遍天下在，何用忙為。」

一日，（慈）明適出，雨忽作，師偵之小徑，既見，遂搊住曰：「這老漢，今日須與我說，不說打你去。」（慈）明曰：「監寺知是般事，便休。」語未卒，師大悟，即拜於泥途。問曰：「狹路相逢時如何？」（慈）明曰：「你且躲避，我要去那裡去。」師歸。來日具威儀，詣方丈禮謝，（慈）明呵曰：「未在！」

自是，（慈）明每山行，師輒瞰其出，雖晚必擊鼓集眾。（慈）明遽還，怒曰：「少叢林暮而陞座，何從得此規繩？」師曰：「汾陽晚參也，何謂非規繩乎？」

一日，（慈）明上堂，師出問，「幽鳥語喃喃，辭雲入亂峰時如何？」（慈）明曰：「我行荒草裡，汝又入深村。」師曰：「官不容鍼，更借一問。」（慈）明便喝，師曰：「好喝。」（慈）明又喝，師亦喝，（慈）明連喝兩喝，師禮拜。（慈）明曰：「此事，是箇人方能擔荷。」師拂袖便行。（中略）

後道俗迎居楊岐，次遷雲蓋。（下略）（以上錄自《五燈嚴統》卷十九，《卍續藏》一三九．八一五頁下—八一六頁上）

附錄：語錄摘要

（一）問：「師唱誰家曲，宗風嗣阿誰？」師曰：「有馬騎馬，無馬步行。」

（二）問：「如何是佛？」師曰：「三腳驢子弄蹄行。」曰：「莫祇這便是麼？」師曰：「湖南長老。」

（三）九峰勤和尚把住（方會）云：「今日喜得箇同參。」師曰：「作麼生是同參底事？」勤曰：「九峰牽犂，楊岐拽耙。」師曰：「正恁麼時，楊岐在前，九峰在前？」勤擬議，師拓開曰：「將謂同參，元來不是。」

（四）問：「古人面壁，意旨如何？」師曰：「西天人不會唐言。」

（五）慈明忌辰設齋，眾纔集，師於真（像）前，以兩手捏拳安頭上，以坐具畫一畫，打一圓相，便燒香，退身三步，作女人拜。首座曰：「休捏怪。」師曰：「首座作麼生？」座曰：「和尚休捏怪。」師曰：「兔子喫牛嬭。」第二座近前，打一圓相，便燒香，亦退身三步，作女人拜，師近前，作聽勢，座擬議，師打一掌曰：「這漆桶，也亂做。」（以上錄自《五燈嚴統》卷十九，《卍續藏》一三九．八一六頁上—八一七頁下）

（六）僧問：「師唱誰家曲，宗風嗣阿誰？」師云：「隔江打皷不聞聲。」

（七）僧問：「如何是佛？」師云：「賊是人做。」

（八）心是根，法是塵，兩種猶如鏡上痕；痕垢盡時光始現，心法雙忘性即真。（以上錄自《楊岐方會禪師後錄》，《卍續藏》一二〇．三四〇頁上—三四一頁上）

第九篇

克勤圜悟至中峰明本的禪師

克勤圜悟（西元一〇六三—一一三五年）

楊岐方會——**白雲守端**（西元一〇二五—一〇七二年）——**五祖法演**（西元？—一一〇四年）——**克勤圜悟**

成都府昭覺寺克勤佛果禪師，彭州駱氏子，世宗儒。師兒時，日記千言，偶遊妙寂寺，見佛書三復，悵然如獲舊物。曰：「予殆過去沙門也。」即去家，依自省祝髮；從文照，通講說；又從敏行，授《楞嚴》。俄得病瀕死，歎曰：「諸佛涅槃正路，不在文句中，吾欲以聲求色見，宜其無以死也。」遂棄去。

至真覺勝禪師之席，勝方創臂出血，指示師曰：「此曹谿一滴也。」師矍然，良久曰：「道固如是乎？」即徒步出蜀。首謁玉泉皓，次依金鑾信、大溈喆、黃龍心、東林度，僉指為法器，而晦堂稱：「他日臨濟一派，屬子矣。」最後見五祖，盡其機用，祖皆不諾，乃謂：「祖強移換人。」出不遜語，忿然而去。祖曰：「待你著一頓熱病打時，方思量我在。」

師到金山，染傷寒困極，以平日見處試之，無得力者，追繹五祖之言，乃自誓曰：「我病稍間，即歸五祖。」病痊尋歸，祖一見而喜，令即參堂，便入侍者寮。方半月，會部使者，解印還蜀，詣祖問道，祖曰：「提刑少年曾讀小艷詩否？有兩句頗相近：頻呼小玉元無事，祇要檀郎認得聲。」提刑應喏喏，祖曰：「且仔細。」

師適歸，侍立次，問曰：「聞和尚舉小艷詩，提刑會否？」祖曰：「他祇認得聲。」師曰：「祇要檀郎認得聲，他既認得聲，為什麼卻不是？」祖曰：「如何是祖師西來意？庭前栢樹子？聻！」師忽有省。遽出，見雞飛上欄干，鼓翅而鳴。復自謂曰：「此豈不是聲？」遂袖香入室，通所得，呈偈曰：

「金鴨香銷錦繡幃，笙歌叢裡醉扶歸；

少年一段風流事，祇許佳人獨自知。」

祖曰：「佛祖大事，非小根劣器所能造詣，吾助汝喜。」祖偏謂山中耆舊曰：「我侍者參得禪也。」由此所至，推為上首。（中略）居碧巖，復徙道林（中略），詔住金陵蔣山（中略），勅補天寧萬壽，上召見，褒寵甚渥，建炎初又遷金山，適駕幸維揚，入對賜圓悟禪師，改雲居，久之，復領昭覺。（下略）（以上錄自《五燈嚴統》卷十九，《卍續藏》一三九．八三二頁下—八三三頁下）

附錄：語錄摘要

（一）向上全提

時張無盡寓荊南，以道學自居，少見推許。師艤舟謁之，劇談華嚴旨要曰：「華嚴現量境界，理事全真，初無假法，所以即一而萬，了萬為一，一復一，萬復萬，浩然莫窮。心佛眾生，三無差別，卷舒自在，無礙圓融，此雖極則，終是無風帀帀之波。」公於是不覺促榻。師遂問曰：「到此與祖師西來意，為同為別？」公曰：「同矣。」師曰：「且得沒交涉。」公色為之慍，師曰：「不見雲門道：『山河大地，無絲毫過患。』猶是轉句；直得不見一色，始是半提；更須知有向上全提時節，彼德山、臨濟，豈非全提乎？」公乃首肯。

（二）事事無礙

翌日，復舉事法界、理法界，至理事無礙法界，師又問：「此可說禪乎？」（張無盡）公曰：「正好說禪也。」師笑曰：「不然，正是法界量裡在，蓋法界量未滅；若到事事無礙法界，法界量滅，始好說禪。『如何是佛？乾屎橛』；『如何是佛？麻三斤。』是故真淨偈曰：

『事事無礙，如意自在；手把豬頭，口誦淨戒。

趁出婬坊，來還酒債；十字街頭，解開布袋。』」

公曰：「美哉之論，豈易得聞乎？」於是以師禮留居碧巖。

（三）奪人奪境

曰：「如何是奪人不奪境？」

師曰：「山僧有眼不曾見。」

曰：「如何是奪境不奪人？」

師曰：「闍黎問得自然親。」

曰：「如何是人境俱奪？」

師曰：「收。」
曰：「如何是人境俱不奪？」
師曰：「放。」

（四）互通互用

山頭鼓浪，井底揚塵；眼聽似震雷霆，耳觀如張錦繡。三百六十骨節，一一現無邊妙身；八萬四千毛端，頭頭彰寶王剎海。不是神通妙用，亦非法爾如然；苟能千眼頓開，直是十方坐斷。

（五）銀山鐵壁

有句無句，超宗越格；如藤倚樹，銀山鐵壁。及至樹倒藤枯，多少人失卻鼻孔。直饒收拾得來，已是千里萬里。衹如未有恁麼消息時如何？還透得麼？風暖鳥聲碎，日高華影重。

（六）立境立機

萬仞崖頭撒手，要須其人；千鈞之弩發機，豈為鼷鼠？雲門睦州當面蹉過，德山臨濟誑謼閭閻。自餘立境立機、作窠作窟，故是滅胡種族。且獨脫一句，作麼生道？萬緣遷變渾閑事，五月山房冷似冰。（以上六則錄自《五燈嚴統》卷十九，《卍續藏》一三九．八三三頁上—八三五頁下）

清遠佛眼（西元一〇六七—一一二〇年）

楊岐方會——白雲守端——五祖法演——清遠佛眼

舒州龍門清遠佛眼禪師，臨邛李氏子。嚴正寡言，十四圓具，依毘尼究其說。因讀《法華經》，至「是法非思量分別之所能解」，持以問講師，講師莫能答。師嘆曰：「義學名相，非所以了生死大事。」遂卷衣南遊。造舒州太平（法）演禪師法席，因丐於廬州，偶雨，足跌仆地，煩懣間，聞二人交相惡罵，諫者曰：「你猶自煩惱在。」師於言下有省。及歸，凡有所問，演即曰：「我不如你，你自會得好。」或曰：「我不會，我不如你。」師愈疑。遂咨決於元禮首座，禮乃以手引師之耳，繞圍爐數帀，且行且語曰：「你自會得好。」師曰：「有冀開發，乃爾相戲耶？」禮曰：「你他後悟去，方知今日曲折耳。」

太平將遷海會，師慨然曰：「吾持缽方歸。」復參：「隨往一荒院，安能究決己事耶？」遂作偈告辭。

之蔣山坐夏，邂逅靈源禪師，日益厚善，從容言話間，師曰：「比見都下一尊宿，語句似有緣。」靈源曰：「演公天下第一等宗師，何故捨而事遠遊？所謂有緣者，蓋知解之師，與公初心相應耳。」師從所勉，徑趨海會，後命典謁。適寒夜孤坐，撥爐見火一豆許，恍然自喜曰：「深深撥，有些子，平生事，只如此。」遽起，閱几上《傳燈錄》，至「破竈墮」因緣，忽大悟。作偈曰：

「刀刀林鳥啼，披衣終夜坐；
撥火悟平生，窮神歸破墮。
事皎人自迷，曲淡誰能和，
念之永不忘，門開少人過。」（下略）（以上錄自《五燈嚴統》卷十九，《卍續藏》一三九．八三七頁下—八三八頁上）

南堂元靜（西元一〇六五—一一三五年）

楊岐方會——白雲守端——五祖法演——南堂元靜

彭州大隨南堂元靜禪師，閬之玉山大儒，趙公約仲之子也。十歲病甚，母禱之感異夢，捨令出家，師成都大慈寶生院宗裔，元祐三年（西元一〇八八年），通經得度，留講聚有年而南下。首參永安恩禪師，於臨濟三頓棒話發明。次依諸名宿，無有當意者。

聞五祖機峻，欲叩之，遂謁祖，祖乃曰：「我此間不比諸方，凡於室中，不要汝進前退後、豎指擎拳、繞禪床、作女人拜、提起坐具、千般伎倆；祇要你一言下諦當，便是汝見處。」師茫然退。參三載，一日入室罷，祖謂曰：「子所下語，已得十分，試更與我說看。」師即剖而陳之，祖曰：「說亦說得十分，更與我斷看。」師隨所問而判之，祖曰：「好即好，祇是未曾得老僧說話在。齋後可來祖師塔所，與汝一一按過始得。」及至彼，祖便以「即心即佛」、「非心非佛」、「睦州擔板漢」、「南泉斬貓兒」、「趙州狗子無佛性有佛性」之語編辟之。其所對，了無凝滯。至「子胡狗話」，祖遽轉面曰：「不是。」師曰：「不是卻如何？」祖曰：「此不是，則和前面皆不是。」師曰：「望和尚慈悲指示。」祖曰：「看他道：『子胡有一狗，上取人頭，中取人腰，下取人腳，入門者好看。』纔見僧入門，便道：『看狗。』向子胡道『看狗』處，下一轉語：『教子胡結舌，老僧鈐口，便是你了當處。』」次日入室，師默啟其說，祖笑曰：「不道你不是千了百當底人，此語祇似先師下底語。」師曰：「某何人，得似端和尚？」祖曰：「不然。老僧雖承嗣他，謂他語拙，蓋祇用遠錄公手段接人故也。如老僧共遠錄公，便與百丈、黃檗、南泉、趙州輩，把手共行，纔見語拙，即不堪。」（中略）又二年，祖方許可。（下略）（以上錄自《五燈嚴統》卷十九，《卍續藏》一三九．八四〇頁下—八四一頁上）

大慧宗杲（西元一〇八九—一一六三年）

楊岐方會——白雲守端——五祖法演——克勤圜悟——大慧宗杲

師宣城奚氏子，其母夢一僧，黑頰隆鼻，神人衛之，造於臥室，問其何所居，對曰嶽北，覺而有身。哲宗元祐四年己巳（西元一〇八九年）十一月十日巳時誕師。白光透室，舉邑稱異。（下略）（以上錄自《指月錄》卷三十一．《卍續藏》一四三．六六九頁下）

幼警敏，有英氣，年十三，始入鄉校，一日與同窓戲謔，以硯投之，悞中先生帽，償金而去，乃曰：「讀世書，曷若究出世法乎？」即詣東山慧雲院出家，（中略）事慧齊為師。（下略）（以上錄自《僧寶正續傳》卷六，《卍續藏》一三七．六一〇頁下—六一一頁上）

十七落髮，即喜宗門中事。遍閱諸家語錄，尤喜雲門（文偃）睦州（黃檗法嗣陳道明尊宿）語。嘗疑五家宗派，元初只是一箇達磨，甚處有許多門庭？性俊逸不羈。十九遊方，初至太平杯度庵，庵主迎待恭甚，曰：「夜夢伽藍神，告以雲峰悅師（汾陽善昭——大愚守芝——雲峰文悅）來，戒令肅候也。」杯度老宿，因以悅語示師，師過目成誦，人遂謂雲峰後身。

既謁宣州明寂珵禪師，請益雪竇拈古頌古，珵不假一言，令自見自說，師輒洞達微旨，珵歎曰：「杲必再來人也。」

過郢州大陽，見元首座、洞山微和尚、堅首座，師周旋三公會下甚久，盡得曹洞宗旨。見其授受之際，必臂香以表不妄付。念曰：「禪有傳授，豈佛祖自證自悟之法？」棄之。遍歷諸方。（中略）

已而，參心印珣公，珣令至寶峰，依湛堂（文）準公，師始至，機辯縱橫。一日湛堂問曰：「你鼻孔今日因甚無半邊？」對曰：「寶峰門下。」堂曰：「杜撰禪和。」（中略）

堂曰：「（中略）我方丈裡，與你說時，便有禪，纔出方丈，便無了；惺惺思量時，便有禪，纔睡著，便無了，若如此，如何敵得生死？」對曰：「正是某甲疑處。」

湛堂疾亟，師問曰：「倘和尚不復起，某甲依誰可了此大事？」堂曰：「有個勤巴子，我雖不識渠，然汝必依之，可了汝事。」（中略）

及堂化後，師往荊南，謁張無盡，求塔銘，張問曰：「公祇恁麼著草鞵遠來？」師曰：「某數千里行乞來見相公。」（中略）

復謁靈源、草堂諸大老，咸被賞識。與（慧）洪覺範遊，覺範嘗見其十智同真頌云：

「兔角龜毛眼裡栽，鐵山當面勢崔嵬；

東西南北無門入，曠劫無明當下灰。」

歎曰：「作怪！我二十年做工夫，也只道得到這裡。」

又過無盡，無盡與論百丈再參馬祖因緣，無盡亟賞之，促師見圜悟。

及悟住天寧，師往依之，自惟曰：「當以九夏為期，其禪若不異諸方，妄以余為是，我則造無禪論去也。枉費精神，蹉跎歲月，不若弘一經一論，把本修行，庶他生後世，不失為佛法中人。」

既見悟，晨夕參請，悟舉雲門「東山水上行」語令參，師凡呈四十九轉語，悟不肯。

悟一日陞座，舉雲門語曰：「天寧即不然，若有人問如何是諸佛出身處，但向他道：『薰風自南來，殿閣生微涼。』」師聞舉豁然。以白悟，悟察師雖得前後際斷，動相不生，卻坐淨裸裸處。語師曰：「也不易，你到這個田地，但可惜，死了不能得活，不疑言句，是為大病。不見道：懸崖撒手自肯承當，絕後再蘇欺君不得。須知有這個道理。」師曰：「某甲只據如今得處，已是快活，更不能理會得也。」

悟令居（朝士止息處的）擇木堂，為不釐務侍者，日同士大夫閒話，入室日不下三四，每舉有句無句如藤倚樹問之，師纔開口，悟便曰：「不是。」經半載，念念不忘於心。一日同諸客飯，師把箸在手，都忘下口。悟笑曰：「這漢參黃楊木禪，卻倒縮去。」師曰：「這個道理，恰似狗看熱油鐺，欲舐舐不得，欲捨捨不得。」悟曰：「你喻得極好，這個便是金剛圈栗棘蓬也。」（下略）（以上錄自《指月錄》卷三十一，《卍續藏》一四三．六六九頁下—六七二頁上）

經半載，遂問悟曰：「聞和尚當時在五祖，曾問這話，不知五祖道甚麼？」悟笑而不答。師曰：「和尚當時須對眾問，如今說亦何妨？」悟不得已，謂曰：「我問：『有句無句，如藤倚樹，意旨如何？』祖曰：『描也描不成，畫也畫不就。』又問：『樹倒藤枯時如何？』祖曰：『相隨來也。』」師當下釋然曰：「我會也。」悟遂舉數因緣詰之，師酧對無滯，悟曰：「始知吾不汝欺。」遂著《臨濟正宗記》付之，俾掌記室。未幾，令分座，室中握竹篦，以驗學者，叢林浩然歸重，名振京師。（下略）（以上錄自《五燈嚴統》卷十九，《卍續藏》一三九．八四六頁上—下）

會女真之變，欲取禪師十數，師在選，獲免趨吳虎丘，閱《華嚴》，至八地文，洞徹昔所請問湛堂，殃崛奉佛語，救產難因緣，初師以此請益湛堂。堂曰：「正爬著我癢處，這話是金矢法，不會如金，會得如矢。」師曰：「豈無方便？」堂曰：「我有個方便，只是你剗地不會。」師曰：「望和尚慈悲。」堂曰：「殃崛云：『我乍入道，未知此法，待問世尊：未到佛座下，他家生下兒子時如何？』『我自從賢聖法來，未曾殺生。』殃崛持此語，未到他家，已生下兒子時如何？」師茫然。至是，讀至菩薩登第七地，證無生法忍，云：「佛子！菩薩成就此忍，即時得入菩薩第八不動地，為深行菩薩，難可知、無差別，離一切相、一切想、一切執著。（中略）既至此已，一切功用，靡不皆息，二行相行，皆不現前。此菩薩摩訶薩，菩薩心、佛心、菩提心、涅槃心，尚不現起，況復起於世間之心。」

師因豁然，打失布袋，湛堂所說方便，忽然現前。（中略）

師每入室，圜悟時來聽其語，一日入室罷，上方丈，悟云：「或有個禪和子，得似老僧，汝又如何支遣？」師云：「何幸如之，正如東坡說：作劊子手，一生得遇一個肥漢剮。」悟呵呵大笑云：「你倒與我入室，拶得我上壁也。」（下略）（以上錄自《指月錄》卷三十一，《卍續藏》一四三．六七二頁上—六七三頁上）

附錄：七顛八倒理會不得

既能轉身，即能轉物；既能轉物，方謂之了義人。既了其義，即了此心；既了此心，試於了處微細揣摩，元無可了，於無可了處，剔起便行。有時拈一莖草作丈六金身，有時將丈六金身卻作一莖草。種種變化，成就一切法，毀壞一切法。七顛八倒，皆不出此無所了心。

正當恁麼時，不是如來禪、不是祖師禪、不是心性禪、不是默照禪、不是棒喝禪、不是寂滅禪、不是過頭禪，不是教外別傳底禪，不是五家宗派禪，不是妙喜（大慧）老漢杜撰底禪。既非如上所說底禪，畢竟是箇甚麼？到這裡，莫道別人理會不得，妙喜老漢亦自理會不得。真如道人，請自看取。（以上錄自《大慧普覺禪

師語錄》卷二十，《大正藏》四十七．八九五頁下）

大慧門下選例四則

一、晦庵彌光（西元一〇九三—一一五五年）

泉州教忠晦庵彌光禪師，閩之李氏子，兒時寡言笑，聞梵唄則喜。十五依幽巖文慧禪師圓頂，猶喜閱群書，一日曰：既剃髮染衣，當期悟徹，豈醉於俗典邪？遂出嶺，謁圓悟禪師於雲居，次參黃檗祥、高庵悟，機語皆契，以淮楚盜起，歸謁佛心。會大慧寓廣，因往從之。

慧謂曰：「汝在佛心處所得者，試舉一二看。」師舉佛心上堂，拈普化公案曰：「佛心即不然，總不恁麼來時如何，劈脊便打，從教徧界分身。」慧曰：「汝意如何？」師曰：「某不肯他，後頭下箇註腳。」慧曰：「此正是以病為法。」師毅然無信可意。慧曰：「汝但揣摩看。」師竟以為不然。經旬，因記海印信禪師拈曰：「雷聲浩大，雨點全無。」始無滯。趨告慧，慧以舉道者見琅邪，并玄沙未徹語詰之。師對已，慧笑曰：「雖進得一步，祇是不著所在，如人斫樹，根下一刀，則命根斷矣。汝向枝上斫，其能斷命根乎。今諸方浩浩說禪者，見處總如此，何益於事。其楊岐正傳三四人而已。」師慍而去。翌日，慧問：「汝還疑否？」師曰：「無可疑者。」慧曰：「祇如古人相見，未開口時，已知虛實，或聞其語，便識淺深，此理如何？」師悚然汗下，莫知听（疑為「所」）詣。

慧令究「有句無句」。慧過雲門庵，師侍行。一日問曰：「某到這裡，不能得徹，病在甚處？」慧曰：「汝病最癖，世醫拱手。何也？別人死了活不得，汝今活了未曾死，要到大安樂田地，須是死一回始得。」師疑情愈深。後入室，慧問：「喫粥了也，洗鉢盂了也，去卻藥忌，道將一句來。」師曰：「裂破。」慧震威喝曰：「你又說禪也。」師即大悟。（下略）（以上錄自《五燈嚴統》卷二十，《卍續藏》一三九．八八三頁下—八八四頁上）

二、懶庵鼎需（西元一〇九二—一一五三年）

福州西禪懶庵鼎需禪師，本郡林氏子，幼舉進士有聲，年二十五因讀《遺教經》忽曰：「幾為儒冠誤。」欲去家，母難之，以親迎在期，師乃絕之曰：「夭桃紅杏，一時分付春風；翠竹黃華，此去永為道伴。」竟依保壽樂禪師為比丘。一錫湖湘，徧參名宿，法無異味，歸里結庵於羗峰絕頂，不下山者三年。（中略）

時妙喜（大慧）庵于洋嶼，師之友彌光，與師書云：「庵主手段，與諸方別，可來少欵如何？」師不答。光以計邀師飯，師往赴之。會妙喜為諸徒入室，師隨喜焉。妙喜舉：「僧問馬祖：『如何是佛？』祖云：『即心是佛』，作麼生？」師下語，妙喜詬之曰：「你見解如此，敢妄為人師耶？」鳴鼓普說，評其平生珍重得力處，排為邪解。師淚交頤，不敢仰視。默計曰：「我之所得，既為所排，西來不傳之旨，豈止此耶？」遂歸心弟子之列。

一日，喜問曰：「內不放出，外不放入，正恁麼時如何？」師擬開口，喜拈竹篦，劈脊連打三下，師於此大悟，厲聲曰：「和尚已多了也。」喜又打一下，師禮拜，喜笑云：「今日方知，吾不汝欺也。」遂印以偈云：

「頂門竪亞摩醯眼，肘後斜懸奪命符；

瞎卻眼，卸卻符，趙州東壁挂葫蘆。」（下略）（以上錄自《五燈嚴統》卷二十，《卍續藏》一三九．八八五頁下—八八六頁上）

三、開善道謙（西元一〇九三？——一一八五？年）

建寧府開善道謙禪師，本郡人，初之京師，依圓悟，無所省發，後隨妙喜，庵居泉南，及喜領徑山，師亦侍行。未幾，令師往長沙，通紫巖居士張公書。師自謂：「我參禪二十年，無入頭處，更作此行，決定荒廢，意欲無行。」友人宗元者，叱曰：「不可在路便參禪不得也。去！吾與汝俱往。」師不得已而行，在路泣語元曰：「我一生參禪，殊無得力處，今又途路奔波，如何得相應去？」元告之曰：「你但將諸方參得底，悟得底，圓悟、妙喜為你說得底，都不要理會。途中可替底事，我盡替你，只有五件事，替你不得，你須自家支當。」師曰：「五件者，何事？願聞其要。」元曰：「著衣、喫飯、屙屎、放尿、馱箇死屍路上行。」師於言下領旨，不覺手舞足蹈。元曰：「你此回方可通書，宜前進，吾先歸矣。」元即回徑山，師半載方返，妙喜一見而喜，曰：「建州子，你這回別也。」（下略）（以上錄自《五燈嚴統》卷二十，《卍續藏》一三九．八八八頁下——八八九頁上）

四、薦福悟本（生卒年不詳）

饒州薦福悟本禪師，江州人也。自江西雲門，參侍妙喜，至泉南小谿，于時英俊畢集，受印可者多矣。師私謂其棄己，且欲發去。妙喜知而語之曰：「汝但專意參究，如有所得，不待開口，吾已識也。」既而，有聞師入室者，故謂師曰：「本侍者，參禪許多年，逐日只道得箇『不會』。」師詬之曰：「這小鬼，你未生時，我已三度，霍山廟裡退牙了，好教你知。」由是，益銳志，以「狗子無佛性」話，舉「無」字而提撕。

一夕，將三鼓，倚殿柱，昏寐間，不覺「無」字出口吻，忽爾頓悟。後三日，妙喜歸自郡城，師趨丈室，足纔越閫，未及吐詞，妙喜曰：「本鬍子，這回方是徹頭也。」（下略）（以上錄自《五燈嚴統》卷二十，《卍續藏》一三九．八九二頁上—下）

高峰原妙（西元一二三八—一二九五年）

克勤圜悟——虎丘紹隆——天童曇華——天童咸傑——臥龍祖先——徑山師範——仰山祖欽——高峰原妙

杭州西天目高峰原妙禪師，蘇之吳江人，俗姓徐，母周氏夢癯僧乘舟投宿而娩。幼嗜趺坐，年十五，從嘉禾密印寺法住圓顱。二十二請益斷橋，倫令參「生從何來，死從何去」話。次謁雪巖（祖欽）於北磵，纔問訊插香，巖即打出，後凡入門，巖便問：「阿誰與汝拖箇死屍來？」聲未絕，巖亦打出。

一日，覩五祖演和尚真贊曰：「百年三萬六千朝，反覆原來是這漢！」驀然打破死屍之疑。時巖住南明，師往省，巖問：「阿誰與你拖箇死屍到這裡？」師便喝，巖拈棒，師把住曰：「今日打某甲不得。」巖曰：「為甚打不得？」師拂袖而出。巖赴天寧，師隨侍焉。

一日，巖問：「日間浩浩時作得主麼？」師曰：「作得主。」曰：「睡夢中作得主麼？」師曰：「作得主。」曰：「正睡著時，無夢、無想、無見、無聞，主在什麼處？」師無語。巖囑曰：「從今日去，也不要汝學佛學法，也不要汝窮古窮今；但只飢來喫飯倦來打眠，纔眠覺來，抖擻精神，我這一覺主人公畢竟在甚處安身立命？」師遂奮志，入龍鬚，越五禩，因同宿友推枕墮地作聲，廓然大徹。

遷武康雙髻，戶屨彌滿，應接弗暇。師宵遁，入西天目之獅子巖，營小室如舟，榜曰：「死關。」斷緣屏侍，有三關語示眾曰：

「大徹底人本脫生死，因甚命根不斷？

佛祖公案只是一箇道理，因甚有明與不明？

大修行人當遵佛行，因甚不守毘尼？」

弗契即拒戶不納。（下略）（以上錄自《五燈嚴統》卷二十一，《卍續藏》一三九．九四二頁上—下）

附錄：語錄摘要

（一）泥牛銜月

海底泥牛銜月走，簷前石虎抱兒眠；鐵蛇鑽入金剛眼，崑崙騎象鷺鷥牽。此四句內有一句，能殺能活，能縱能奪，若檢點得出，許汝一生參學事畢。

（二）門外門裡

門外有一人，用盡機謀要入，入不得；門裡有一人，做盡伎倆要出，出不得。出不得，入不得，且置。且道：門外人與門裡人相見時如何？愁人莫向愁人說，說向愁人愁殺人。（以上二則錄自《五燈嚴統》卷二十一，《卍續藏》一三九・九四三頁上—下）

鐵牛持定（西元一二四〇—一三〇三年）

克勤圜悟——虎丘紹隆——天童曇華——天童咸傑——臥龍祖先——徑山師範——仰山祖欽——鐵牛持定

衡州靈雲鐵牛持定禪師，磻溪王氏子，壯歲謁冇庵勤，剪髮，聞別傳之旨，情累釋然。

尋依雪巖（祖欽），居槽廠，服杜多行。（雪）巖示眾曰：「兄弟做工夫，若也七日夜，一念無間，眼不交眨，無箇入處，斫取老僧頭，做屆屎杓。」師默領旨，勵精奮發，適染疾，自取觸桶，就屏處危坐其上，單持正念，目不交睫者七日，至夜將半，忽覺山河大地，覿露堂堂，久之如聞擊木聲，驚醒，遍體汗流，其疾遂愈。旦舉似巖，巖詰以公案，酬對無滯。

越五載，方為大僧。又六年，聞巖上堂，舉「亡僧死了燒了，向什麼處去？」自代曰：「山河及大地，全露法王身。」言下疑情蕩盡，身如踴高丈許。眾退，即詣方丈曰：「適來和尚舉揚般若，驚得法堂前石獅子笑舞不已。」巖曰：「試道看。」師曰：

「劫外春回萬物枯，山河大地一塵無；
法身超出如何舉，笑倒西天碧眼胡。」

巖敲桌子曰：「山河大地一塵無，這箇是什麼？」師作掀倒勢。巖笑曰：「一彩兩賽。」

入室次，巖問：「親切處道將一句來。」師曰：「不道。」巖曰：「為什麼不道？」師拈起香盒曰：「這箇得來不值半文錢。」巖曰：「多口漢。」

巡堂次，師以楮被裹身而睡，巖召至方丈，厲聲曰：「我巡堂，汝打睡。若道得即放過，若道不得，趁汝下山。」師隨答曰：

「銕牛無力懶耕田，帶索和犂就雪眠；
大地白銀都蓋覆，德山無處下金鞭。」

巖曰：「好箇銕牛也。」因以為號。（下略）（以上錄自《五燈嚴統》卷二十一，

（《卍續藏》一三九．九四三頁下—九四四頁上）

中峰明本（西元一二六三——一三二三年）

克勤圜悟——虎丘紹隆——天童曇華——天童咸傑——臥龍祖先——徑山師範——仰山祖欽——高峰原妙——中峰明本

杭州天目中峰明本禪師，錢塘孫氏子，母夢無門開道者持燈籠至家，而生。神儀挺異，纔離襁褓，便好結跏，歌梵唄。

初參高峰（原妙）於死關，高孤峻嚴冷，不假人辭色，一見師，驩然欲為祝髮。一日，誦《金剛經》至「荷擔如來」處，恍然開解。明年遂薙染受具。未幾，觀流泉有省，即詣高求證。高打趁出。既而民間訛傳，官選童男女，師問：「忽有人來問和尚討童男女時如何？」高曰：「我但度竹篦子與他。」師言下洞然，徹法源底。高乃書真贊，付師曰：

「我相不思議，佛祖莫能視；

獨許不肖兒，窺得半邊鼻。」（下略）（以上錄自《五燈嚴統》卷二十一，《卍續藏》一三九．九四八頁下）

附錄：語錄摘要

（一）打成一片

若真箇打成一片時，亦不知如銀山鐵壁；既知是銀山鐵壁，即不可謂之打成一片。如今莫問成一片不成一片，但將所參話頭，只管粘頭綴尾，念念參取，參到意識盡處，知解泯時，不覺不知，自然開悟。政當開悟時，迷與悟、得與失、是與非等，一齊超越，更不須問人求證據，自然穩怗怗地無許多事也。（下略）

（二）參「無」字

但將箇「趙州因甚道箇無字」，猛利一提提起，日而參夜而究，行而疑坐而揆。政當如是看時，切不得作回光返照想，但參究不得處，政是放身捨命時。久久純熟，忽爾開悟，曾不自知而回光返照畢矣。若更作回光返照會，依舊不曾悟

在。（下略）

（三）參「無」字

「趙州因甚道箇無字」，此八箇字，是八字關，字字要著精彩看。你若依稀彷彿，半困半醒，似有似無，恁麼參去，驢年也不會發明。參禪全是一團精神，你若精神稍緩，便被昏散二魔，引入亂想狂妄窟中，作顛倒活計。（下略）

（四）參「無」字

參「無」字，只要向「無」字上起疑情，參道：「趙州因甚道箇無字」，十二時中，只與麼參，正當參時，不問有思量分別、無思量分別，有思量、無思量屬妄想，如今只要你單單向所參話上起疑情，乃至總不要一切境緣上作分別想。（下略）

（五）大疑情

疑情無大小，但疑之重，是謂大疑，疑之輕，是謂小疑。何謂重？但說著箇生死事大，便自頓在胸中，要放下也放不得，如大飢之人要求食相似，自然放不過，雖欲不舉，不自由而舉之也。是謂重，故名大疑。此大疑之下，自然廢寢忘湌，身心一如。亦不知是大疑，自然疑之不休息也。（中略）當大疑之時，你胸中方有一念子知道是大疑，早是錯了也。（下略）

（六）只參一則「無」字話

趙州道箇「無」字，不是有無之無，（中略）只要向話上討箇分曉，初不作有無會，你今朝但辨一片真實信心教，及單單靠取箇無字，驀直如此參去，縱使無字上三十年參不透（中略），決不肯隨人語轉了求悟，你若隨人語轉了求得悟來，正是癡狂外邊走，斷斷不了生死。（下略）（以上六則錄自《天目明本禪師雜錄》卷中，《卍續藏》一二二．七六二頁上—七七二頁下）

第十篇

明末以來的禪師

雲谷法會（西元一五〇〇—一五七九年）

南嶽下三十二世

師諱法會，別號雲谷。嘉善胥山懷氏子，生於弘治庚申（西元一五〇〇年），幼志出世，投邑大雲寺某公為師，初習瑜伽（經懺應赴），師每思曰：「出家以生死大事為切，何以碌碌衣食計為。」年十九，即決志操方。尋登壇受具，聞天台小止觀法門，專精修習。

法舟（道）濟禪師，續徑山之道，掩關於郡之天寧，師往參扣，呈其所修，舟曰：「止觀之要，不依身心氣息，內外脫然，子之所修，流於下乘，豈西來的意耶？學道必以悟心為主。」師悲仰請益，舟授以念佛審實話頭，直令重下疑情。師依教日夜參究，寢食俱廢。

一日受食，食盡亦不自知，碗忽墮地，猛然有省，恍如夢覺。復請益舟，乃蒙印可。

閱《宗鏡錄》，大悟唯心之旨。從此，一切經教，及諸祖公案，了然如覩家中故物。

於是韜晦叢林，陸沉賤役。一日閱《鐔津集》，見明教大師護法深心，初禮觀音大士，日夜稱名十萬聲。師願效其行，遂頂戴觀音大士像，通宵不寐，禮拜經行，終身不懈。（中略）

師乃移居於山之最深處，曰天開巖，弔影如初，一時宰官居士，因（五台）陸公開導，多知有禪道，聞師之風，往往造謁。凡參請者，一見，師即問曰：「日用事如何？」不論貴賤僧俗，入室必擲蒲團於地，令其端坐，返觀自己本來面目。甚至終日竟夜無一語，臨別必叮嚀曰「無空過日」。再見必問別後用心功夫。難易若何，故荒唐者，茫無以應，以慈愈切而嚴益重，雖無門庭設施，見者望崖，不寒而慄。然師一以等心相攝，從來接人，軟語低聲，一味平懷，未常有辭色。（下略）（以上錄自《憨山大師夢遊全集》卷三十，《卍續藏》一二七．六三二頁上—六三三頁上「雲谷先大師傳」）

無明慧經（西元一五四八—一六一八年）

青原下三十四世

師諱慧經，字無明，撫州崇仁裴氏子。生而穎異，智種夙彰。九歲入鄉校，問其師曰：「浩然之氣，是箇什麼？」師無以應。年十八，遊上清，慨然有天際真人之想，遂棄筆硯，欲卜隱而未果。

年二十一，寓新城之洵溪，偶過居士舍，見案頭有《金剛經》，閱之如獲故物，輒踴躍不自禁。士曰：「汝見甚麼道理，乃爾？」師曰：「吾見其功德，果如虛空不可量。」士大驚曰：「子若出家，必為天人師。」師於是日即斷葷酒，決出世志。

時邑有蘊空忠禪師，佩小山老人密印，隱於廩山。師往從之，執侍三載，柔退緘默，喜怒不形。嘗疑《金剛經》四句偈。一日見〈傅大士頌〉曰：「若論四句偈，應當不離身。」忽覺身心蕩然，因述偈，有「本來無一字，徧界放光明」之句。後益披尋梵典，默符心得，自謂泰然矣。

一日，與諸兄弟，論《金剛經》義甚快，廩山聞之曰：「宗眼不明，非為究竟。」師遽問：「如何是『宗眼』？」山拂衣而起。（師）心甚疑之，繼得《五燈會元》讀之，見諸祖悟門，茫然自失，思前所得，總皆不似，乃請益於山，山曰：「老僧實不知，汝但自看取。」由是愈增迷悶，晝夜兀兀然，若無聞見者，眾咸謂師患癡矣。凡八閱月，一日見僧問興善寬曰：「如何是道？」寬曰：「大好山。」疑情益急，忽豁然朗悟，如夢初醒。信口占偈曰：

「欲參無上菩提道，急急疏通大好山；

知道始知山不好，翻身跳出祖師關。」

入方丈，通所悟，山曰：「悟即不無，卻要受用得著，不然，恐祇是汞銀禪也。」時年二十有四。

是冬辭廩山，結茅於峩峰。茲山林巒幽險，虎豹縱橫，人跡罕至。師孑然獨居，形影相弔，食弗充，則雜樹葉野菜啖之。嘗大雪封路，竟絕食者數日。一夕，山境喧甚，聲若崖崩，林谷震動，俄若眾馬爭馳，直抵庵後，師不覺驚起。

因憶稟山之囑，乃曰：「小境尚動，況生死乎？」即起然燈，信手抽《會元》一卷閱之，正值珪禪師為嶽神受戒章，珪謂嶽神曰：「汝能害空與汝乎？」忽廓然無畏，山境遂寂。乃曰：「聖人無死地，今日果然。」述偈呈稟山曰：「透徹乾坤向上關，眉毛不與眼相參；聖凡生死俱拋卻，管甚前三與後三。」

稟山曰：「此子見地超曠，他日弘揚佛祖之道，吾不如也。」（中略）至是，始請稟山到峩峰薙落受具。

師生而孱弱，如不勝衣。及住山日，慕百丈之風，不顧形骸，極力砥礪：晝則鑿山開田，不憚勞苦；夜則柴門不掩，獨行岡上，迄五鼓始息，率以為常。

至萬曆戊戌歲（西元一五九八年），眾鄉紳請師住寶方，時師年五十有一也，師自住峩峰，足不下山者，二十八載。（中略）雖臨廣眾，不以師道自居，日率眾開田，齋甫畢，已荷钁先之矣。（中略）

庚子（西元一六〇〇年）春，師自以未及遍參為歉，乃西登匡廬，遡流上武昌，歷荊襄，復北走中原，訪無言宗主於少林（中略），北渡江，抵五台，訪瑞峰老人於宰殺溝。（中略）下台山入燕都，講肆宗席，靡不徧歷。（中略）乃旋寶方，癸卯（西元一六〇三年）始開堂。（下略）（以上錄自《永覺元賢禪師廣錄》卷十五，《卍續藏》

附錄：語錄摘要

一二五．五七五頁上—五七七頁上〈無明和尚行業記〉）

（一）只有看話頭

參學之士，道眼未明，但當看箇話頭。要立箇堅固志，如一人與萬人敵，安其放意，殺出方了，孳孳然，念念然，管甚麼色，管甚麼聲。冤也不管，親也不管，佛也不管，凡也不管，非是不管。有死對頭在，護生須是殺，殺盡始安居。雖然如是，最是省力，不須念經，不須拜佛，不須坐禪，不須行腳，不須學文字，不須求講解，不須評公案，不須受歸戒，不須苦行，不須安閑；於一切處，只見有話頭，明白不見於一切處。倏然一時瞥地，如日昇空，十方普遍，盡大地是個話頭，所謂「打破大散關，直入解脫門」。到恁麼時節，方是得力處，故云：「得力處便是省力處」也。

到此，始有說話分，方可見人，探竿在手，得大自由，不受羅籠。看宗也得，看教也得，遊方也得，混眾也得，獨居也得。所以云：「我為法王，於法自

在。」（下略）

（二）禪者實可憐

在欲行禪，火裡生蓮。拈起木杓，撞破蒼天，償佛祖債，結眾生緣。所以，喫不得好喫、行不得好行、坐不得如意坐、眠不得自在眠。不許依佛座、不許傍祖邊、不許遊地獄、不許住人天。心不得揣、口不得言。只得如虛空相似，究竟都來實可憐。（下略）（以上錄自《無明慧經禪師語錄》卷一，《卍續藏》一二五．六頁上—下、十二頁上）

湛然圓澄（西元一五六一——一六二六年）

青原下三十五世

師名圓澄，字湛然，別號散木道人，會稽夏氏子也。（中略）母夢僧而娠，十有四月生。（中略）年十七喪父，十九喪母，窶甚，充郵卒，因錯投公牒，被攝，懼辱自投于江，漂流數里，漁者救行，澤中遇一僧，目之云：「是能出家有大用。」師即求度出世。（中略）

去投玉峰師，充圊頭，始習文義，一日入方丈求授經，玉叱曰：「丁字不識，不作苦行，求甚麼經？」師曰：「尚求參悟大事，何況區區文字。」玉異之，付《法華經》曰：「此諸佛骨髓，珍重熟讀，自有得。」

隨訪隱峰師，隱器之，對眾云：「此子可參禪。」師遂求示，隱曰：「行、住、坐、臥，但參：『念佛的是誰』。」三日夜有省，知法不假他求，趨似隱，隱曰：「似則也似，是則未是，且一切處疑嘿著。」時年二十矣。

壬午（西元一五八二年），往天荒山，妙峰和尚處剃染，懇求要訣，峰唯指念佛。冬無複裩，而通宵參究，未嘗就枕。三年充圊頭，行難行苦行。

乙酉（西元一五八五年），葉家山聞二僧論〈傅大士法身偈〉，便能記持經書，解一切道理。往北塔寺不納，遜居荒廟中，五日不粒，坐參不倦。

詣雲棲，求蓮池大師授具。還訪南宗師，入門便問曰：「『海底泥牛銜月走』是甚麼意？」宗一喝，師不能答，遂憤然曰：「不悟不休。」即於天妃宮，掩關三年，不發一語。偶閱語錄，至雪竇與僧論「柏樹子」話，有行者頌曰：

「一兔橫身當古路，蒼鷹才見便生擒；
後來獵犬無靈性，空向枯樁舊處尋。」

師便能轉機著語。

又因燈滅，隔窗取火，有省。隨頌一首令呈南，南曰：「我道他是個人，猶作如是去就耶！」師聞，復令請益，南曰：「不思善，不思惡。正恁麼參。」師於此漸入。

（又掩關寶林寺三年）一日，憶乾峰和尚「舉一不得舉二」話，遂豁然無疑。頌曰：

「舉一舉二別端倪，個裡元無是與非；
雪曲調高人會少，獨許韶陽和得齊。
二老何曾動舌，諸方浪自攢眉；
擬議鶻過新羅，刻舟求劍元迷。」

又頌雲門「十五日」話曰：

「日日犯土黃，日日是好日。
鐵蒺藜兮無孔笛，分付禪和莫近前。
擬議須教性命失。」

從此，于「海底泥牛」話，及諸誵訛公案，一切了了，出語皆脫窠臼，不存軌則矣。

啟關參錦堂和尚，錦大賞曰：「宗門寥落極矣，再振之者，非子而誰？」時戊子歲（西元一五八八年）也。

又二年，一夜靜坐凝寂，忽若虛空霹靂，聲震大地，須臾而甦，遍體汗釋，如脫重擔，此庚寅（西元一五九〇年）七月二十一日也，時師年已三十矣。性根洞朗，言語契機，於諸佛事，不思議應，於諸經旨，玄會徹微。

詣雲棲蓮池大師，一日舉高峰「海底泥牛」話，師推出傍僧曰：「大眾證明。」大師頷之。又火浴僧回，大師問：「亡僧遷化後，向甚麼處去？」眾著語皆不契，師出云：「謝和尚罣念。」大師休去。

既還越，日乞食，暮宿塔山金剛神腳下。時大學士金庭朱公、太史石簣陶公、太學濬元張公，同遊應天塔下寶林寺，至天王殿，聞鼾齁聲，使覺之，問曰：「何人？」師曰：「無事僧也。」諸公與酬問數語，相謂曰：「語淡而味永，高人也。」揖師問：「依止何所？」師曰：「饑則化飯喫，倦則此地打眠耳。」諸公共葺靜室以居。

師一日靜坐，忽如冷水潑身，詩偈如泉涌，自念曰：「此聰明境耳。」時己丑（西元一五八九年）春也。

自此，囊錐漸露，賢士大夫爭重之。（下略）（以上錄自《湛然圓澄禪師語錄》卷八，丁元公撰〈會稽雲門湛然澄禪師行狀〉，《卍續藏》一二六．三一三頁上—三一四頁下）

附錄：語錄摘要

（一）簡覺汝心

若是你自己未會，必須微細勘驗始得，祇如這一著子，我今為甚麼不明？為是昏沉所奪耶？為是妄想所間耶？為是求玄覓妙而向外馳求耶？為是不信自己而別求成佛耶？如是等無量因緣，時時簡覺，簡到無可簡處，驀忽回頭，便同本得，始知從前不曾移易一絲毫，祇是自迷也。昔者靈雲和尚，於深山中默究三十年，忽然大悟，乃曰：

「三十年來尋劍客，幾番葉落又抽枝；

自從一見桃花後，直至如今更不疑。」（以上錄自《湛然圓澄禪師語錄》卷二，《卍續藏》一二六．一九二頁下）

（二）石霜枯木禪

人根鈍滯，將謂有著可離，石霜大師又與打破道：「一念萬年去，寒灰槁木去，一條白練去，古廟香罏去。」這等說話，雖則作死馬醫，依而行之，大有好

處在。（以上錄自《湛然圓澄禪師語錄》卷四，《卍續藏》一二六．二〇六頁下）

《石霜楚圓禪師語錄》原文云：山僧不曾住庵，不代一轉語，亦被賢侯，移住石霜山，接待往來，祇以麤粥淡飰，隨時應用，故不失其宜。直饒與麼來者，總識得伊，不與麼來者，亦不欠少伊。是伊到來，自然不打者鼓笛，特地息干戈，便道：「似一條白練，古廟香爐去然。」且道：「與古昔（慶諸道者）還有親疎也無？」良久云：「枯木堂前花更春。」下座。（以上錄自《石霜楚圓禪師語錄》，《卍續藏》一二〇．一七〇頁下）

石霜慶諸之原錄，見於《景德傳燈錄》卷十五云：因僧舉洞山（良价）參次，示眾曰：「兄弟秋初夏末，或東去西去，直須向萬里無寸草處去，始得。」又曰：「只如萬里無寸草處，且作麼生去？」師（石霜）聞之乃曰：「出門便是草。」僧舉似洞山，洞山曰：「大唐國內能有幾人？」

師止石霜山二十年間，學眾有長坐不臥，屹若株杌，天下謂之「枯木眾」也。（《景德傳燈錄》卷十五，《大正藏》五十一．三二一頁上）

無異元來

（西元一五七五—一六三〇年）

青原下三十五世

博山和尚者，舒城人也，諱大艤（中略），族姓沙，其父太公取姚氏，生和尚也，輒不得食酒肉乳和尚，否則不為食，越七月而母死（中略）。年十六，矢志出家，之金陵瓦棺寺，聽講《法華》，慨然曰：「求之在我，豈可循文逐句哉？」遂去。之建武，禮五台通法師，薙髮受業，脩智者止觀之道。嘗露坐松下，不知晨夜，蚊蚋集軀，如嗳槁木，內焉不知有血肉身心，外焉不見有山河大地也。如是五年，寒暑罔輟。已而詣超華山，從洪法師受比丘律。

是時壽昌（無明慧）經大師，方居峩峰，揚曹洞之法。和尚聞其名，往謁焉。見壽昌，荷鋤戴笠，狀類田父，輒心疑之，遂入閩光澤，居白雲峰三年，以所得著書，呈壽昌，壽昌以書報之，謂其非第一義，和尚始爽然自失也。遂焚香禮拜，毀其藁，不復示人，益潛心宗乘。閱船子藏身語，疑情頓發，至忘寢食。居歲餘，忽見趙州囑僧語，恍然有得。（下略）（以上錄自《無異元來禪師廣錄》卷三十五之「博山和尚傳」，《卍續藏》一二五．三八八頁上—下）

……師更念：船子在藥山之門，何以二十年始得？瞥地，疑情頓發，七聖皆迷。兀兀騰騰，五十旬有半。而於趙州有佛無佛機緣，如釋重負。謁壽昌于寶方，多乎呈簡，曾不得其一頷，居再閱月，形色枯瘁，望之似木雞矣。從赴玉山，揚扢洞宗，時得印可。

昌問：「佛印偈云：『蟻子解尋腥處走，青蠅偏向臭邊飛』，君耶臣耶？」師云：「臣邊事。」昌呵之曰：「大有人咲汝在。」師云：「前何以是，今何以非？」昌云：「一非一切非矣。」

既達，辟人端居，食頃，聞護法神倒地，不覺心開，呈偈云：

「玉山誘一言，心灰語路絕；幾多玄解會，如沸湯澆雪。

沒巴鼻金鍼，好因緣時節；梅蘂綻枯枝，桃花開九月。

觸目如休辨別，急水灘頭拋探篙，溺殺無限英雄客。」

昌曰：「一到多門又到門，蓋解心絕矣，而命根未斷。」別居「宗乘堂」。

又五十旬有半（朝夕不寐，一日如廁），覩登樹人而悟，乃徹源底也。趣謁寶方（壽昌），入門便拜，昌問：「近日如何？」師曰：「有個活路，不許人知。」昌云：「因甚不許人知？」師曰：「不知，不知。」昌舉「燒庵趁僧」話，問：「婆子作麼生手眼？」師曰：「黃金增色爾。」又舉僧問玄則禪師「龍吟霧起，虎嘯風生」公案，命頌之。師援筆立就曰：

「殺活爭雄各有奇，模糊肉眼曷能知；

吐光不遂時流意，依舊春風逐馬蹄。」

昌笑云：「子今日始知，吾不汝欺也。」師問：「向後還有事也無？」昌云：「老僧只知穿衣喫飯。」師曰：「豈無方便？」昌云：「子後得坐披衣，幸無籌策足矣。」因命秉拂。（下略）（以上錄自《無異元來禪師廣錄》卷三十五〈無異大師塔銘〉，《卍續藏》一二五．三九二頁下—三九三頁上）

時和尚方二十七歲，聞鵝湖心大師，以雲棲宏大師神足，授律鵝湖，往受菩薩毘尼。（中略）至信州，初遊西巖，居四十餘日，嘗無所得，食則采野蔌為羹，怡然甚樂。既而，居祖印院者七月，乃遷博山，博山故韶國師道場，荒廢日久，（中略）和尚至，則誅茅為屋，僅足容膝，而禪律並行。（下略）（以上錄自《無異元來

禪師廣錄》卷三十五「博山和尚傳」，《卍續藏》一二五·三八九頁上—下）

雲棲袾宏（西元一五三五—一六一五年）

傳承不詳

雲棲袾宏蓮池大師，字佛慧，杭州沈氏子，母周氏。年十七，為邑弟子員，而志在出世，每書「生死事大」四字於案頭。前娶張氏女，生一子，殤，頃婦亦亡，即不欲娶，母強之，議婚湯氏。年二十七，父喪，三十一，母喪，為答親恩，遂於嘉靖乙丑（西元一五六五年）除日，師曰：「因緣無不散之理。」明年丙寅，訣湯氏出家，投西山無門洞性天理和尚祝髮，就昭慶寺無塵玉律師受具。

居頃，即單瓢隻杖，遊諸方，徧參知識。北遊五台，感文殊放光；至伏牛，隨眾煉魔；入京師，參徧融、笑巖二大老。皆有開發，而不釋然。僑寓東昌，而悟中之迷若掃，乃有頌云：

「二十年前事可疑，三千里外遇何奇。

焚香擲戟渾如夢，魔佛空爭是與非。」

乘悟併消，歸無所得，猶之不釋然也。

因寢病間歸。越中多禪期，師與會者五，終不知鄰單姓字。

隆慶辛未（西元一五七一年）三十七歲，師乞食梵村，見雲棲山水幽寂，遂有終焉之志。山故伏虎禪師剎也，楊國柱、陳如玉等，為結茅三楹以棲之。師弔影寒巖，曾絕糧七日，倚壁危坐而已。

村多虎，環山四十里，歲傷不下數十人，居民最苦之，師發悲愍，為諷經施食，虎患遂以寧。

歲亢旱，村民乞師禱雨，師笑曰：「吾但知念佛，無他術也。」眾堅請，師不得已，出，乃擊木魚，循田念佛，時雨隨注，如足所及。（村）民異之，因相與纍纍然肩材木、荷鋤钁，競發其地，得碣礎而指之曰：「此雲棲寺故物也，師福吾村，吾願鼎新之，以永吾福。」不日，成蘭若，然外無崇門，中無大殿，惟禪堂安僧，法堂奉經像。餘取蔽風雨耳。自此道大振，海內衲子歸心，遂成叢林。（中略）

初師發足操方，從「參究念佛」得力，至是遂開淨土一門，普攝三根，極力主張，乃著《彌陀疏鈔》十萬餘言，融會事理，指歸唯心。

又憶昔見《高峰語錄》，謂自來參究此事，最極精銳，無逾此師之純鋼鑄就者，向懷之行腳。唯時師意，併匡山（慧遠之淨土）永明（延壽之宗教禪淨）而一之，更錄古德機緣中喫緊語，編之曰：《禪關策進》，併刻之，以示參究之訣。蓋顯禪淨雙修，不出一心。（以上錄自《雲棲法彙》所集〈大師塔銘〉及〈大師塔銘并序〉）

附錄：語錄摘要

（一）參究念佛

國朝洪（武）永（樂）（西元一四〇三—一四二四年）間，有空谷、天奇、毒峰三大老，其論念佛，天、毒二師，俱教人看「念佛是誰」。唯空谷謂只直念去，亦有悟門。此二各隨機宜，皆是也。而空谷但言直念亦可，不曰參究為非也。予於《疏鈔》已略陳之。（下略）（以上錄自《竹窗二筆》）

（念佛持名）各分事理；憶念無間，是謂事持；體究無間，是謂理持。（中略）體究念佛，與前代尊宿教人舉話頭下疑情，意極相似。故謂參禪不須別舉話頭，

只消向一句阿彌陀佛上著到。（中略）

憶念者，聞佛名號，常憶常念，以心緣歷，字字分明，前句後句，相續不斷，行住坐臥，唯此一念，無第二念，不為貪瞋煩惱諸念之所雜亂，（中略）事上即得，理上未徹，惟得信力，未見道故，名事一心也。言定者，以伏妄故，無慧者，以未能破妄故。（中略）

體究者，聞佛名號，不惟憶念，即念反觀，體察究審，鞫其根源。體究之極，於自本心，忽然契合。（中略）若言其有，則能念之心，本體自空，所念之佛，了不可得。若言其無，則能念之心，靈靈不昧，所念之佛，歷歷分明。若言亦有亦無，則有念無念俱泯。若言非有非無，則有念無念俱存，非有則常寂，非無則常照。非雙亦，非雙非，則不寂不照，而照而寂。言思路絕，無可名狀，故唯一心。（中略）以見諦故，名理一心也。言慧者，能照妄故，兼定者，照妄本空，妄自伏故。又照能破妄，不但伏故。（以上錄自《彌陀疏鈔》卷三，《卍續藏》三十三．四四一頁下、四四五頁上—四四六頁上）

(二) 語錄

1. 參「念佛是誰」。須是有真疑起。真疑未起，且默念去。

2. 宗門語，如世人捉獃，不可作實法會。

3. 古人棒喝，適逗人機，一棒一喝，便令人悟，非若今人以打人為事。（以上三則錄自大師《遺稿》之〈雜答〉）

4. 參禪人，只守一則公案，如參「念佛是誰」，不得又參「萬法歸一，一歸何處」等。若透一則，餘盡透矣。若自覺已透，於別則公案還有不盡透處，即是向所守公案還非真透，未免涉情識也。

5. 參疑二字，不必分解。疑則參之別名，總是體究追審之意。但看「念佛是誰」，以悟為則而已。又古德云：看話頭不得卜度穿鑿，亦不得抛向無事甲裡，但只恁麼看。此要言也。（以上錄自大師《遺稿》之〈開示〉。參閱中華佛教文化館影印《蓮池大師全集》）

紫柏真可（西元一五四三—一六〇三年）

傳承不詳

師諱真可，達觀其字也，晚自號紫柏。（中略）世家吳江之攤缺。沈姓（中略），師生有異徵，雄猛不可羈紲。稍長，志益大，飲酒恃氣，慕古遊俠之行。（中略）

年十七，辭親隻行，願立功名，塞上行，至郡城楓橋（中略），夜臥（寺），聞僧誦八十八佛名號，心忽開悅（中略），因禮覺為師。（中略）

年二十，從講師受具戒，掩關武塘景德寺三年。辭覺包腰參訪。聞僧誦張拙秀才（唐石霜慶諸禪師的法嗣）偈至「斷除忘想重增病，趨向真如亦是邪」，曰：「何不云：『方病無』、『不是邪』？」僧哂之，師大疑。到處書二語于壁，迷悶至頭面俱腫。一日齋次忽悟，頭面立消，曰：「使我在臨濟、德山座下，一掌便醒。」

自是氣宇凌鑠諸方矣。（中略）遊匡山，深究相宗精義。已而遊五台，至峭壁空巖，有老宿孤坐，師作禮問：「一念未生時如何？」宿豎一指。又問：「既生後如何？」宿展兩手。師於言下領旨。尋跡之，失其處。

至京師，參徧融大老，融問：「何來？」曰：「從江南來。」「來此何事？」曰：「習講。」又問：「習講何事？」曰：「貫通經旨，代佛揚化。」融曰：「能清淨說法乎？」曰：「至今不染一塵。」融命師解直裰施旁僧，攬其裡曰：「脫卻一層還一層也。」師笑領之，遂留。（中略）

師見道法陵遲，五家綱宗墜地，以負荷大法為己事。倡刻《大藏》，廣其流布。日以《智證傳》（宋朝寂音尊者慧洪覺範所撰，存《卍續藏》一一一冊）一書，囑付傳習。或時教人，專持〈毗舍浮佛偈〉（「假借四大以為身，心本無生因境有；前境若無心亦無，罪福如幻起亦滅。」）。

（師）謂此偈是去來諸佛心印，禪之真源，常言：「吾持此二十餘年，已熟半句；熟兩句，死生無慮矣。」（中略）

師終身不受人祈請出世（住持道場），終師世，亦無敢開堂受請者。獨與憨山

清公為友，嘗對談四十晝夜，不交睫。有志修國朝傳燈錄。與清公約，共住曹溪，開導法脈。（中略）

（嘉靖癸卯〔西元一六〇三年〕六月十二日，因冤入獄受刑，）師聞之曰：「世法如此，久住何為？」（中略）誦毗盧遮那佛數聲，閉目不語。（中略）啟手扶兩足跏趺以逝。（中略）世壽六十有一，法臘四十有奇。（下略）。（以上錄自《紫柏尊者別集附錄》所附陸符撰〈傳略〉。《卍續藏》一二七．一四五頁上—一四八頁上）

附錄：語錄摘要

（一）悟道歌

（前略）

人與物，殊階級，喜則揚聲悲則泣。莫言人貴物賤微，一念未生皆獨立。

性所變，乃為情，憎愛交加理不清。須知想念即本智，覓水離冰佛豈成。

臨濟棒，德山喝，馬面牛頭手段辣。士庶公侯隻眼看，是凡是聖從宰割。

這些子，真妙術，掃卻迷雲懸慧日。大家都在清光中，盲者依然黑漆漆。

再方便，開覺路，內外推尋心無住。無住之心物我同，熾然成異因喜怒。
喜怒起，初無性，離卻前塵沒把柄。
智者頓達能所空，迸出軒轅太古鏡；等閒用處辨妍媸，斷送瞿曇窮性命。
悟道易，難在人，人而果敢冬可春。孟宗哭竹笋為抽，蛇奴雖鈍亦登真。
滿天下，老和尚，一片舌頭橫贊謗；一千七百葛藤窩，都將截斷隨風颺。
喫飯穿衣誰不能？死生榮辱奚欣愴。荒墳見鬼不生疑，便是金毛師子樣。（以上錄自《紫柏尊者全集》卷二十九〈悟道歌〉，《卍續藏》一二七．八十五頁下—八十六頁下）

（二）昏動、止觀、定慧

如摩訶比丘，蛇奴乞士，唯持「摩訶般若」一句，「苕箒」二字，尚記不全，皆生身得果。以其天資淳樸，一念萬年，神凝方寸，用志不分所致也。（中略）

若所持誦《禪宗永嘉集》，言略義要，此永嘉大師已驗之方，依之行持，必然出苦。（中略）

眾生日用，無往而非昏動；菩薩日用，無往而非止觀；諸佛日用，無往而非定慧。謂之三耶，則外昏動，本無止觀；外止觀，本無定慧。謂之一耶，則昏動不即止觀，止觀不即定慧。果一之耶？果三之耶？若於一三之間，未能判然了徹，豈唯《永嘉集》不能資汝出苦，一大藏教，亦皆長物矣，何況非法。

（三）收放心

能急於收放心，而不能知心之所在。心果能收乎？於此不能審究下落，則心終不能知矣。不先知其心，而欲收之，吾不知其所收者，果有心可收耶？無心可收耶？吾以是知，不先知心所在，而能收之者，盡世未有其方。（中略）大抵役名味義之習不破，而精義入神之路塞矣。且心不可以有無求，又豈可以內外推乎？

（下略）

（四）偷心不生

學道無他要，要在偷心不生。偷心不生，則古德機緣言句中，磕著撞著時，以宿善根力，大都悟入終易。如偷心不死，又無痛切精進之力，復遭差別因緣阻亂之，是皆多生惡習所致。

所謂「偷心」者，不惟凡情，即聖情不盡，亦謂偷心。汝忽觸病緣，善用之，即入道緣，不善用，即差別緣。（以上三則錄自《紫柏尊者全集》卷七，《卍續藏》一二六．七五一頁下、七五二頁下、七五三頁上—下）

憨山德清（西元一五四六—一六二三年）

傳承不詳

師諱德清，全椒人，姓蔡，母洪氏，夢大士攜童子入門，抱之遂娠，及誕，白衣重胞。居常不樂俗，年十二，聞西林和尚有大德，欲往從之，父不聽，母曰：「養子從其志。」廼送入寺。（以上錄自《憨山老人夢遊集》卷五十五〈憨山大師傳〉，《卍續藏》一二七．九八九頁下）

予年十九，同會諸友皆取捷，有勸予往試者。（中略）適雲大師出山，聞有勸予之言，恐有去意，大師力開示出世參禪、悟明心地之妙，歷數《傳燈》諸祖及《高僧傳》，命予取看。予檢書笥，得《中峰廣錄》，讀之未終軸，乃大快歎曰：「此予心之所悅也。」遂決志做出世事，即請祖翁披剃，盡焚棄所習。專意參究一事，未得其要；乃專心念佛，日夜不斷。未幾，一夕夢中見阿彌陀佛，現身立於空中，當日落處，覩其面目光相，了了分明，予接足禮，哀戀無已。復願見觀音勢至二菩薩，即現半身，自此，時時三聖炳然在目，自信修行可辦也。

是年冬，本寺禪堂建道場，請無極大師講《華嚴玄談》，予即從受具戒。隨聽講至十玄門，海印森羅常住處，恍然了悟法界圓融無盡之旨。（中略）

予年二十，（中略）冬十月，雲谷大師建禪期於天界，集海內名德五十三人，開坐禪法門（中略）。大師開示「審實念佛」公案，從此參究，一念不移，三月之內，如在夢中，了不見有大眾，亦不知有日用事（中略）。初不數日，以用心太急，忽發背疽，紅腫甚巨。（中略）至後夜，倦極上禪床，則熟睡，開靜亦不知，及起，則忘之矣。天明，（中略）視之，已平復矣。一眾驚歎，是故得完一期，及出，亦如未離禪座時，即行市中，如不見一人。（中略）

予年二十九（中略），追妙（峰）師，（中略）至河東，會山陰至，遂留結冬，時太守陳公，延妙師及予，意甚勤，為刻《肇論中吳集解》，予校閱，向於（《肇論》中物）不遷論「旋嵐偃岳」之旨不明，竊懷疑久矣，今及之猶罔然。至：梵志自幼出家，白首而歸，鄰人見之曰：「昔人猶在耶？」志曰：「吾似昔人，非昔人也。」恍然了悟，曰：「信乎諸法本無去來也。」（中略）（以上節錄自《憨山老人夢

遊集》卷五十三〈憨山老人自序年譜實錄〉上，《卍續藏》一二七·九四九頁上—九五四頁上）

予年七歲，（中略）叔父死，（中略）嬸母感痛乃哭曰：「天耶！哪裡去也？」予愕然疑之。問母曰：「叔身在此，又往何處耶？」母曰：「汝叔死矣。」予曰：「死向甚麼處去？」遂切疑之。未幾，次嬸母舉一子，母往視，予隨之。見嬰兒如許大，乃問母曰：「此兒從何得入嬸母腹中耶？」母拍一掌云：「癡子，你從何入你娘腹中耶？」又切疑之。（下略）（以上節錄自《憨山老人夢遊集》卷五十三〈憨山老人自序年譜實錄〉上，《卍續藏》一二七·九四七頁上）

即下禪牀禮佛，則無起動相，揭簾立階前，忽風吹庭樹，飛葉滿空，則了無動相，曰：「此旋嵐偃岳而長靜也。」至後出遺，則了無流相，曰：「此江河競注而不流也。」於是，去來生死之疑，從此冰釋。乃有偈曰：「死生晝夜，水流花謝；今日乃知，鼻孔向下。」

明日妙師相見，喜曰：「師何所得耶？」予曰：「夜來見河邊兩箇鐵牛相鬥入水去也，至今絕消息。」

（妙）師笑曰：「且喜有住山本錢矣。」

未幾，山陰請牛山法光禪師（中略），與語，機相契，請益開示，以「離心意識參，出凡聖路學」，深得其旨，每見師（法光）談論出聲，如天鼓音，是時予知悟明心地者，出詞吐氣果別也（中略）。

予年三十，（中略）以三月三日，於（五台山）雪堆中，撥出老屋數椽以居之。時見萬山冰雪，儼然夙慕之境，身心洒然，如入極樂國（中略）。予獨住此，單提一念，人來不語，目之而已。久之，視人如杌，直至一字不識之地。初以大風時作，萬竅怒號，冰消澗水，衝激奔騰如雷，靜中聞有聲，如千軍萬馬出兵之狀，甚以為喧擾，因問妙（峰）師曰：「境自心生，非從外來，聞古人云：『三十年聞水聲，不轉意根，當證觀音圓通。』」

溪上有獨木橋，予日日坐立其上，初則水聲宛然，久之動念即聞，不動即不聞。一日坐橋上，忽然忘身，則音聲寂然，自此，眾響皆寂，不復為擾矣。

予日食麥麩和野菜，以合米為飲湯送之。初人送米三斗，半載尚有餘。

一日粥罷經行，忽立定，不見身心，唯一大光明藏，圓滿湛寂，如大圓鏡，山河大地，影現其中。及覺，則朗然，自覓身心，了不可得。即說偈曰：「瞥然一念狂心歇，內外根塵俱洞徹；翻身觸破太虛空，萬象森羅從起滅。」

自此，內外湛然，無復音聲色相為障礙，從前疑會，當下頓消。及視釜，已

生塵矣。以獨一無侶，故不知久近耳。（中略）

予年三十一，春三月，蓮池大師遊五台過訪，留數日，夜對談心甚契。

是年，予發悟後，無人請益，乃展《楞伽》印證，初未聞講此經，全不解義，故今但以現量照之，少起心識，即不容思量，如是者八閱月，則全經旨趣，了然無疑。（中略）

平陽太守胡公（中略），入山相訪（中略），（代開府高公求予一詩，）予曰：「我胸中無一字。」（中略）力拒之。胡公乃取古今詩集，置几上，發予詩思。予偶揭之，方構思，忽機一動，則詩句迅速，不可遏捺（中略）。予忽覺之曰：「此文字習氣魔也。」（中略）然機不可止，不覺從前所習詩書辭賦，凡曾入目者，一時現前，逼塞虛空，即通身是口，亦不能盡吐，更不知何為我之身心也（中略）。予獨坐思之曰：「此正法光禪師所謂禪病也，今在此中，誰能為我治之者？」無已，獨有熟睡可消，遂閉門強臥。初甚不能，久之，坐忘如睡，童子敲門不開，椎之不應，胡公歸，亟問之，乃令破窗入，見予擁衲端坐，呼之不應，撼之不動（中略），疾取擊子，耳邊鳴數十聲，予始微微醒覺。開眼視之，則不知身在何處也。公曰：「我行，師即閉門坐，今五日矣。」予曰：「不知也，第一息耳。」

言畢，默坐諦觀，竟不知此是何所，亦不知從何入來。及回觀山中及一往行腳，一一皆夢中事耳，求之而不得，則向之徧空擾擾者，如雨散雲收，長空若洗，皆寂然了無影像矣。心空境寂，其樂無喻。乃曰：「靜極光通達，寂照含虛空；卻來觀世間，猶如夢中事。」（中略）

予年三十三，刻意書經，無論點畫大小，每落一筆，念佛一聲。遊山僧俗至者，必令行者通說，予雖手不輟書，然不失應對（中略），每日如常，略無一毫動靜之相。（中略）

予自住山至書經，屢有嘉夢。

初一夕，宿，入金剛窟，石門榜「大般若寺」，及入則見廣大如空，殿宇樓閣，莊嚴無比，正殿中，唯大牀座，見清涼大師，倚臥牀上，妙師侍立於左。予急趨入，禮拜立右，聞大師開示：初入法界圓融觀境，謂佛剎互入，主伴交參，往來不動之相。隨說其境，即現覩於目前，自知身心，交參涉入。（中略）及覺後，自見心境融徹，無復疑礙。

又一夕，夢自身履空上昇，高高無極；落下則見十方迴無所有，唯地平如鏡，琉璃瑩徹，遠望唯一廣大樓閣，閣量如空，閣中盡世間所有人物事業，乃至最小市井鄙事，皆包其中，往來無外，閣中設一高座，紫赤篏色。（中略）忽聞磬聲，開目視之，則見彌勒已登座矣（中略）。聞其說曰：「分別是識，無分別是智；依識染，依智淨；染有生死，淨無諸佛。」（中略）及覺，恍然言猶在耳也。（中略）

又一夕，夢僧來報云：「北台頂，文殊菩薩設浴請赴。」隨至則入一廣大殿堂，香氣充滿，侍者皆梵僧，即引至浴室，解衣入浴，見有一人先在池中，視之為女子也。予心惡不欲入，其池中人，故汎其形，則知為男也，乃入共浴。其人以手戽水澆予，從頭而下，灌入五內，如洗肉桶，五臟一一蕩滌無遺，止存一皮，如琉璃籠，洞然透徹。時則池中人呼茶，見一梵僧擎髑髏半邊如剖瓜狀，視之腦髓淋漓，心甚厭之。（中略）予接而飲之，其味如甘露也，飲而下，透身毛孔，一橫流。飲畢，梵僧搓背，大拍一掌，予即覺，時則通身汗流如水，五內洞然。自此身心如洗，輕快無喻矣。（中略）

予年四十一，（中略）冬十一月（中略），（東海牢山海印寺）禪室初就，始得安居，身心放下，其樂無喻。一夕，靜坐夜起，見海湛空澄，雪月交光，忽然身心世界，當下平沉，如空華影落，洞然壹大光明藏，了無一物，即說偈曰：

「海湛空澄雪月光，此中凡聖絕行藏；
金剛眼突空華落，大地都歸寂滅場。」
即歸室中，取《楞嚴》印正，開卷即見「汝身汝心，外及山河虛空大地，咸是妙明真心中物」。則全經觀境，了然心目，隨命筆，述《楞嚴懸鏡》一卷，燭才半枝，已就。時禪堂方開靜，即喚維那入室，為予讀之，自亦如聞夢語也。（以上節錄自《憨山老人夢遊集》卷五十三〈憨山老人自序年譜實錄〉上，《卍續藏》一二七．九五四頁上—九六二頁上）

玉林通琇（西元一六一四—一六七五年）

南嶽下三十六世

湖州報恩玉林通琇禪師，蓉城楊氏子。

童子時，一長者令諸晚學，各閉目一回，反觀念起，眾童子各言起念畢。師良久云：「某甲反觀，無念可得。」

參天隱（圓）修和尚於磬山，命充侍司，隨堂坐香。

一夕，未開靜，即進方丈。修見云：「今日香完何早？」師云：「自是我不去坐香。」修云：「見甚道理不去坐？」師云：「即今亦無不坐。」修驀拈案上（清洪禪師的）《石屋錄》問云：「者箇是甚麼？」師云：「卻請和尚道。」修云：「你不道，教老僧道。」師云：「情知和尚不敢道。」修云：「《石屋錄》，我為甚不敢道？」師云：「隨他去也。」修云：「贓誣老僧。」師者裡透不過，直得大淚如雨。一晚目不交睫，立修單側，竟忘入寮。至五鼓，修呼云：「不用急，我為你舉則古話：當初有箇龐居士，初見人時，也似你一般，孤孤迥迥，開口便問人：『不與萬法為侶者是誰？』馬祖當時為甚踏向前一步云：『待法一口吸盡西江水，即與汝道。』

師云：「某有一頌。」修云：「汝頌云何？」師呈頌云：

「不侶萬法的為誰，誰亦不立始親渠；

有意馳求轉睽隔，無心識得不相違。」

修云：「不問你『不侶萬法』，要你會『一口吸盡西江水』。」師於言下大悟，乃拂袖而出。（下略）（以上錄自《揞黑豆集》卷六，《卍續藏》一四五．九四一頁下─九四二頁上）

太虛唯心

（西元一八八九—一九四七年）

太虛大師生於浙江省海寧州長安鎮，農工家世，初無異稟可資稱述。父呂公駿發，入贅於張公其仁家，其母即張公幼女，年僅十六而生大師。

大師二歲喪父，五歲，母再適李氏，大師依外祖母於邑之大隱庵。九歲隨外祖母朝安徽九華山，十歲隨遊普陀山，十三歲入長安鎮為百貨店學徒，是年生母張氏去世。十四歲始學為文，十六歲為慕仙佛神通而出家於蘇州木瀆滸墅鄉一小寺，並受具戒於寧波天童寺，戒壇諸大老見大師年少質美，咸以法器相許。十七歲聽受《法華經》，間閱《指月錄》、《高僧傳》、王鳳洲《綱鑑》，始以禪錄中「話頭」默自參究。十八歲進受《楞嚴經》，兼習詩文。並初住禪堂，習為禪堂生活，一夕，入寄禪和尚丈室請益，問：「如何是露地白牛？」和尚下座，扭住大師鼻孔，大聲斥問：「是誰？」大師擺脫，禮拜而退，但非有省也。是年得讀《弘明集》、《廣弘明集》、《法琳傳》等護教文獻。又與圓瑛宏悟（是年二十九歲，後為天童主席）結為盟友，圓瑛手書盟書有云：「悟自投身法苑，訪道禪林，所見同袍如許，求其如弟之少年聰敏，有志進修者，亦罕逢其匹也。」

十九歲聽道階老講《楞嚴經》，閱《楞嚴蒙鈔》、《楞嚴宗通》，愛不忍釋，又從道老受《相宗八要》及《五教儀》。以圓瑛力助，修書介紹，並親自送大師至慈谿汶溪之西方寺閱《大藏經》。冬，大師閱《般若經》有省，如《自傳》云：「積月餘，《大般若經》垂盡，身心漸漸凝定。一日，閱經次，忽然失卻身心世界，泯然空寂中，靈光湛湛，無數塵剎煥然炳現，如凌虛影像，明照無邊。座經數小時，如彈指頃；歷好多日，身心猶在輕清安悅中。」旋取閱《華嚴經》，恍然皆自心中現量境界。伸紙飛筆，隨意舒發，日數十紙，累千萬字。所有禪錄疑團，一概冰釋，心智透脫無滯。所學內學教義，世諦文字，悉能隨心活用。

二十六歲至普陀山掩關，印光大師來為封關。在關中，坐禪、禮佛、閱讀、寫作，日有常課。初溫習台賢禪淨諸撰集，尤留意《楞嚴》、《起信》。世學則新舊諸籍，每日旁及。

是年冬，其《自傳》云：「每夜坐禪，專提昔在西方寺閱藏時悟境，作體空觀，漸能成片。一夜，在聞前寺開大靜的一聲鐘下，忽然心斷。心再覺，則音光明圓無際。從泯無內外能所中，漸現能所內外，遠近久暫，回復根身座舍的原狀。則心斷後已坐過一長夜；心再覺，係再聞前寺之晨鐘矣。心空際斷，心再覺，漸現身器，符《起信》、《楞嚴》所說。從茲，有一淨躶明覺的重心為本，迥不同以前但是空明幻影矣——。乃從《楞嚴》提唐以後的中國佛學綱要，而《楞嚴攝論》即成於此時。」

二十八歲時的大師，又有第三次悟境出現，《自傳》云：「民五（西元一九一六年），曾於閱《述記》至釋『假智詮不得自相』一章，朗然玄悟，冥會諸法離言自相，真覺無量情器，一一塵根識法，皆別別徹見始終條理，精微嚴密，森然秩然，有萬非昔悟的空靈幻化堪及者。」

從此，真俗交徹，表現於理論之風格一變，幽思風發，妙義泉湧，萬非逞辯競筆者能及。（以上節錄自《太虛大師年譜》）

虛雲德清（西元一八四〇—一九五九年）

無準師範（西元一一七四—一二四九年）**下三十八世**

雲居山真如寺虛雲禪師，名古巖，又名演徹，字德清，湖南湘鄉蕭氏子，梁武帝之裔也。父玉堂，母顏夫人，中年無出，禱于觀音大士，同夢長鬚跨虎頂觀音者，躍登榻上，嗣誕一肉團，母驚絕，有賣藥翁剖得之，鞠於庶母王。

（師）生而茹素，不樂世典，見佛像梵書則喜。年十七遁南嶽欲為僧，失路不果，父憂之，為娶田譚二女，咸不染（中略）。（十九歲）自泉州玉堂公任所亡鼓山，禮常開和尚薙染，明年受具妙蓮和尚。任職鼓山滿四年，自水頭、園頭、行堂、典座，皆苦行事。二十七歲，散盡衣物，僅攜一衲、一褲、一履、一簑衣、一蒲團，向後山中作巖洞生活。三年中，居則巖穴，食則松毛及青草葉，渴飲澗水。初一二年，時見勝境，不以為異，一心觀照及念佛，處深山大澤中，虎狼不侵，蛇蟲不損，幕天席地，心中歡悅，自以為四禪天人也。

三十一歲行腳，一日至溫州某山，得一禪人指詣天台華頂龍泉庵，融鏡老法師，示曰：「你知道古人持身，還知道古人持心否？觀你作為，近於外道，皆非正路，枉了十年工夫。（中略）你勉強絕粒，連褲子都不穿，未免顯奇立異，又何怪乎工夫不能成片呢？（中略）我教你，若聽，則在這裡住；不聽，任去。」（中略）令剃髮沐浴，作務去，并教看「拖死屍是誰」的話。從此試粥試飯，並學天台教觀。

四十三歲，七月初一日，自普陀山法華庵起香，三步一拜，五台山為目的地，以報父母之恩。四十四歲臘月，至黃河鐵卸渡，以天晚不敢行，於路旁攤小攤之茅棚歇足，趺坐。夜甚寒，大雪漫漫，次早舉目一望，化為琉璃世界，雪深盈尺，無路可行，過往無人，先則枯坐念佛，因草棚無遮欄，蜷伏一角，雪愈大，寒愈甚，腹愈饑，僅存一息而正念不忘，後則漸入迷態。如是五日雪止，第六日來一丐者，致問撥雪，以團棚草，烤火煮黃米粥，令食，得暖氣而復生也。

丐者聞師係自南海起香朝五台，因其取雪代水煮粥，而指釜中問師曰：「南海有這個麼？」師曰：「無。」丐者曰：「吃什麼？」師曰：「吃水。」丐者再指釜中雪溶成水曰：「是什麼？」師無語。

五十六歲（西元一八九五年），師在九華山茅蓬已住了三年，揚州高旻寺住持月朗，到九華，稱今年高旻有朱施主法事，共打十二個七，請師下山，至大通荻港後，又沿江行，遇水漲，欲渡，忽失足墮水，浮沉一晝夜，流至采石磯附近，漁者網得之，喚寶積寺僧認之，僧乃過去同住赤山者，驚曰：「此德清師也。」舁至寺，救甦，然口鼻大小便諸孔流血。居數日，逕赴高旻，謁月朗和尚，即請代職，師不允，又不言墮水事，以高旻家風，拒請職，即以慢眾論罪，表堂打香板，病益加劇，血流不止，且小便滴精。師以死為待。

在禪堂中，晝夜精進，澄清一念，不知身是何物，經二十餘日，眾病頓愈，容光煥發。從此，萬念頓息，工夫「落堂」，晝夜如一，行動如飛。

一夕，夜放晚香時，開目一看，忽見大光明如同白晝，內外洞澈。隔垣見香燈師小解，又見西單師在圊（廁）中，遠及河中行船，兩岸樹木種種色色，悉皆了見。是時纔鳴三板耳。

翌日，詢問香燈及西單，果然，師知是境，不以為異。

至臘月八七，第三晚，六枝香開靜時，護七例冲開水，濺師手上，茶杯墮地，一聲破碎，頓斷疑根，慶快平生，如從夢醒。自念出家，漂泊數十年，於黃河茅棚，被個俗漢一問，不知水是什麼。（中略）此次若不墮水大病，若不遇順攝逆攝，知識教化，幾乎錯過一生，那有今朝，因述偈曰：

「杯子撲落地，響聲明瀝瀝；
虛空粉碎也，狂心當下息。」

又偈曰：

「燙著手，打碎杯，家破人亡語難開；
春到花香處處秀，山河大地是如來。」（以上錄自《虛雲和尚年譜》）

來果妙樹（西元一八八一——一九五三年）

玉林通琇下十五世

揚州高旻寺來果妙樹禪師，湖北省黃岡縣劉氏次子，祖上耕讀為業，母妊時，不能食葷，臨產夜，父見金鯉進房，母見黃袍白鬚老比丘入內。三四歲時，喜捏泥土為佛像，供田岸土洞中，日往拜數次。七歲起，朝暮各誦《心經》七遍為常課，見女人塗花粉即恨，遇女人對過即避讓。十二歲立志出家，潛出又被尋歸，父以棒楚逼其食肉，幸得其母攔住。是年母亦歸依三寶，師亦因此從大智老和尚，習得念佛法門，並謂念至睡著做夢，還有佛聲，則再告以大法。十五歲時大智和尚問師：「念佛是那個，汝可知否？」師聞之如喝一口冷水，往下一吞，臉燒飛紅，口不能答，冷坐若呆。師云：「此法如何用？」和尚云：「候你將念佛的這個人找出來，再向汝道。」

十八歲時，世塵之心冰冷，參禪之念益堅，值父病篤即効古人為親盡孝，磨刀、禮佛、剖胸，割肝三分之二，取豆腐合煮，親送父床餵食。

十九歲時，父母逼師結婚，虛與女同房三日，師坐蒲團，女坐椅杌。至是父母兄弟妯娌，悉勸回頭，吃齋念佛。

二十二歲時，為其叔祖父，逼同赴官任年餘，因公牘中極刑過多，功微過重，目不忍覩，辭職歸里。因閱《法華經．普門品》，決志出家，趕辦行裝。

光緒三十一年六月，辭雙親，至南海普陀，私自將髮剪下，光頭赤足，穿上破袍，求得方便鏟、棕蒲團、木瓢、筷子後，向深山中打餓七，先後十三天未進飲食，由此一餓，家情俗念，徹底忘清。

往寶華山求戒途中，被水流失隨身各物，僅餘一件破衲襖當衣單。到寶華山時，因無號條、衣單、戒費，又不知「新戒」、「老戒」之名詞含義，尤其又題詩兩首於墻，故被送至碾磨坊，並被疑為山下冒充僧侶之大馬溜子，蓄意上山打劫者。由於師病，屙血七日夜，同戒者教師溜單，被碾磨頭追至，以茨條混身死打一頓，提耳拖回，到巡照樓上跪下，毛竹板子打斷，氣絕者數分鐘。次日，衲襖不要，早飯不吃，私自從門逃出。逃至金山求住，預為受戒，知客見師狼狽狀，云是馬溜子，派眾僧推出山門。經數日饑餓，得彌陀寺當家師之救助，遂到句容縣寶塔寺討單住下，受行堂執職，身體強壯，道念益堅，二時隨眾上殿過堂，動靜不離「念佛是誰」工夫。

二十五歲在金山寺秉具後，即行腳漫遊，每日太陽將出，先舉「念佛是誰」起身，手拗蒲團，舉工夫上肩，至晚太陽將落，即放蒲團為止，或止在橋邊、路邊、屋邊、溝邊、山邊、水邊、墳邊、糞邊。但先提工夫，後放蒲團。誓不掛單、不趕齋、不歇店、不化緣、不倒單、不問路、不洗澡、不存一切，如願而行，未稍違犯。信步行至五台山。然後回鄉省雙親。

光緒三十三年春，回金山禪堂銷假。自願以悟為期，不悟不出禪堂，立行：不倒單，不告病假、香假、縫補假、經行假、殿假。單參「念佛是誰」一法。以其初住禪堂，規矩不會，從早四板至晚點心時，挨三百餘香板，到開大靜後，共四百多下香板。從此悉心學習規矩。

一日，齋堂受供，工夫得力，碗舉起不動者，約五分鐘。偶被僧值一耳巴子，連碗帶筷子，一齊下地，衣袍悉沾湯水，碗破數塊。由此，師住高旻後，不許執事於齋堂打耳巴子。

由於從朝至暮，日無虛度，夜無暇晷，至光緒三十四年（西元一九〇八年）九月二十六日，晚六支香，開靜梆子一下，猛然豁落，如千觔擔子頓下，打失娘生鼻孔，大哭不止，悲嘆無既，自惟：「瞞到今天，沉沒輪廻，枉受苦楚，哀哉痛哉。」次日到班首處，請開示時，前所礙滯之言，迄無半句，班首云：「汝是悟了語句。」即問：「念佛是誰？」又問「生從何來，死從何去」等等，隨問隨答，了無阻滯。不多日，和尚、班首，臨堂讚頌，師即搭衣持具，向各寮求懺悔，止其莫讚。一日，慈本老人舉手巾作洗臉勢，問師：「是甚麼？」師云：「多了一條手巾，請將手巾放下。」彼不答而退。

自此，益加仔細，不敢妄自承當，苦心用工，必多見人，以免自大。由是，日行倍加密切。一聽維那報坡（普請），勢同搶寶，凡有公務，行單各事，置身不顧。所有規矩，倒背如流。師在規矩上用心，其有二義：1.叢林規矩，為行人悟心大法，見性宏模。現在行法基礎，未來為進道階漸。2.人能留心規矩，鉅細清明，毫無訛謬，自則為立身大本，他則為拔楔抽釘，一旦受執為人，拈來便用。

宣統三年，師自金山班首職，逃到高旻過夏，一日請月朗全定和尚開示，問答相投，不多時，亦受請為班首。一九一五年，師三十四歲，接高旻寺法系之後，再赴常州天寧、浙江天童、福建雪峰。一九一九年，師三十八歲，回高旻寺接住持位。（以上節錄自《來果禪師語錄》卷七〈自行錄〉，臺北佛教出版社發行本五六三—五九八頁，一九七七年出版）

附錄

本書依據典籍目錄表

書名	卷數	編著者	現存
高僧傳	十四	梁・慧皎	《大正藏》五十冊
續高僧傳	三十	唐・道宣	《大正藏》五十冊
摩訶止觀	二十	隨・智顗	《大正藏》四十六冊
敦煌文獻	一	民・冉雲華	《華岡佛學學報》六期
弘贊法華傳	十	唐・惠詳	《大正藏》五十一冊
法華經安樂行義	一	陳・慧思	《大正藏》四十六冊
智者大師別傳	一	隋・灌頂	《大正藏》五十冊
天台九祖傳	一	宋・士衡	《大正藏》一三四冊
法界宗五祖略記	一	清・續法	《卍續藏》一三四冊
宋高僧傳	三十	宋・贊寧	《大正藏》五十冊
景德傳燈錄	三十	宋・道原	《大正藏》五十一冊

禪源諸詮集都序	四	唐・宗密	《大正藏》四十八冊
神僧傳	九		《大正藏》五十冊
五燈嚴統	二十五	明・通容	《卍續藏》一三九冊
大慧普覺禪師語錄	三十	宋・蘊聞	《大正藏》四十七冊
宏智正覺禪師廣錄	九	宋・侍者等	《大正藏》四十八冊
臨濟慧照禪師語錄	一	唐・慧然	《大正藏》四十七冊
汾陽無德禪師語錄	三	宋・楚圓	1.《大正藏》四十七冊
汾陽善昭禪師語錄	三	宋・楚圓	2.《卍續藏》一二〇冊
石霜楚圓禪師語錄	一	宋・慧南	《卍續藏》一二〇冊
黃龍慧南禪師語錄	一		《卍續藏》一二〇冊
教外別傳	十六	明・黎眉等	《卍續藏》一四四冊
楊岐方會禪師後錄	一		《卍續藏》一二〇冊
僧寶正續傳	七	宋・祖琇	《卍續藏》一三七冊
天目明本禪師雜錄	三		《卍續藏》一二二冊
憨山老人夢遊集	五十五	明・福善	《卍續藏》一二七冊
永覺元賢禪師廣錄	三十	明・道霈	《卍續藏》一二五冊

無明慧經禪師語錄	四	明・元賢	《卍續藏》一二五冊
湛然圓澄師語錄	八	明・明凡	《卍續藏》一二六冊
無異元來禪師廣錄	三十五	明・弘翰	《卍續藏》一二五冊
雲棲法彙	未列卷數	明・袾宏	中華佛教文化館影印
紫柏尊者全集	三十	明・德清	《卍續藏》一二六、一二七冊
紫柏尊者別集	四	明・錢謙益	《卍續藏》一二七冊
揞黑豆集	九	清・心圓	《卍續藏》一四五冊
太虛大師年譜	一	民・印順	正聞出版社
虛雲和尚年譜	一	民・岑學呂	虛雲和尚法彙編印處出版
來果禪師語錄	七	民・來果	佛教出版社影印
阿彌陀經疏鈔	四	明・袾宏	《卍續藏》三十三冊

本書所集諸師傳承系統表

一、禪宗以外的：竺道生、僧稠、法聰、南嶽慧思、天台智顗、左溪玄朗、曇倫、衡岳善伏、清涼澄觀、圭峰宗密

二、禪宗之內的：菩提達磨－慧可－僧璨－道信

- 牛頭法融－牛頭智巖－慧方－法持－幽棲智威
  - 鶴林玄素－徑山道欽－鳥窠道林
  - 牛頭慧忠－佛窟遺則
- 東山弘忍
  - 嵩嶽慧安
  - 蒙山道明
  - 度門神秀
    - 巨方禪師
    - 智封禪師
    - 藏　禪　師
    - 普寂禪師
    - 志誠禪師
  - 曹溪惠能
    - 永嘉玄覺
    - 光宅慧忠
    - 玄策禪師
    - 南嶽懷讓－馬祖道一
      - 大珠慧海
      - 南泉普願－趙州從諗
      - 龐蘊居士
      - 石鞏慧藏
      - 西堂智藏
      - 麻谷寶徹
      - 鹽官齊安
      - 百丈懷海
        - 黃檗希運
        - 溈山靈祐
        - 大安禪師
        - 神贊禪師
      - 大梅法常
      - 興善惟寬
      - 東寺如會
    - 本淨禪師
    - 堀多三藏

（接四二八頁）

三、傳承不詳的：

布袋契此

雲棲袾宏

紫柏真可

憨山德清

太虛唯心

- 歸宗智常
- 隱峰禪師
- 古寺和尚
- 水老和尚
- 龍山和尚

- 荷澤神會－磁州法如－荊南惟忠－遂州道圓－圭峰宗密
- 青原行思－石頭希遷
  - 大顛寶通
  - 藥山惟儼
    - 船子德誠－夾山善會
    - 雲巖曇成－洞山良价（接四二九頁右）
  - 丹霞天然－翠微無學－投子大同
  - 天皇道悟－龍潭崇信－德山宣鑒（接四二九頁左）
- 南嶽下三十二世：雲谷法會
- 南嶽下三十六世：玉林通琇……通琇下十五世：來果妙樹
- 南嶽五十八世：虛雲德清
- 青原下三十四世：無明慧經－無異元來
- 青原下三十五世：湛然圓澄

- 黃檗希運—臨濟義玄—興化○存獎—南院○慧顒—風穴延沼—首山省念—汾陽善沼—慈明楚圓
  - 黃龍慧南—黃龍祖心
  - 楊岐方會—白雲○守端—五祖○法演
    - 清遠佛眼
    - 克勤圜悟
      - 大慧宗杲
        - 晦庵彌光
        - 懶庵鼎需
        - 開善道謙
        - 薦福悟本
      - 虎丘○紹隆—天童○曇華—天童○咸傑—臥龍○祖先—徑山○師範—仰山○祖欽
        - 高峰原妙—中峰明本
        - 鐵牛持定
    - 南堂元靜
- 溈山靈祐
  - 仰山慧寂
  - 香嚴智閑
- 大安禪師
- 神贊禪師

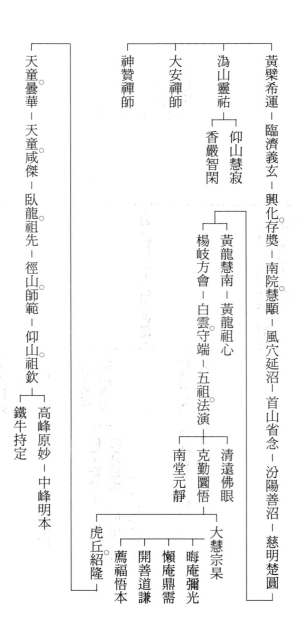

洞山良价
- 曹山本寂
- ○雲居道膺－○同安丕－○同安志－○梁山緣觀－○大陽警玄－○投子義青－○芙蓉道楷
  - ○丹霞子淳－天童正覺

德山宣鑒－雪峰義存
- 雲門文偃
- 玄沙師備－○羅漢桂琛－清涼文益－天台德韶－永明延壽
- 鏡清道怤

註：名字前加「○」者，未有傳錄被收本書。